Coleção

TEMAS DE DIREITO ADMINISTRATIVO

DESAPROPRIAÇÃO DE BENS PÚBLICOS
(à luz do princípio federativo)

Coleção
TEMAS DE DIREITO ADMINISTRATIVO
Direção de
Celso Antônio Bandeira de Mello

1. DA CONVALIDAÇÃO E DA INVALIDAÇÃO DOS ATOS ADMINISTRATIVOS – *Weida Zancaner*
2. CONCESSÃO DE SERVIÇO PÚBLICO NO REGIME DA LEI 8.987/95. CONCEITOS E PRINCÍPIOS – *Benedicto Porto Neto*
3. OBRIGAÇÕES DO ESTADO DERIVADAS DE CONTRATOS INVÁLIDOS – *Jacinto de Arruda Câmara*
4. SANÇÕES ADMINISTRATIVAS – *Daniel Ferreira*
5. REVOGAÇÃO DO ATO ADMINISTRATIVO – *Daniele Coutinho Talamini*
6. O SERVIÇO PÚBLICO E A CONSTITUIÇÃO BRASILEIRA DE 1988 – *Dinorá Adelaide Musetti Grotti*
7. TERCEIRO SETOR – *Sílvio Luís Ferreira da Rocha*
8. A SANÇÃO NO DIREITO ADMINISTRATIVO – *Heraldo Garcia Vitta*
9. LICITAÇÃO NA MODALIDADE DE PREGÃO (Lei 10.520, de 17 de julho de 2002) – *Vera Scarpinella*
10. O PROCESSO ADMINISTRATIVO E A INVALIDAÇÃO DE ATOS VICIADOS – *Mônica Martins Toscano Simões*
11. REMUNERAÇÃO DOS SERVIÇOS PÚBLICOS – *Joana Paula Batista*
12. AS AGÊNCIAS REGULADORAS. O Estado Democrático de Direito no Brasil e sua Atividade Normativa – *Marcelo Figueiredo*
13. AGÊNCIAS REGULADORAS – *Alexandre Mazza*
14. FUNÇÃO SOCIAL DA PROPRIEDADE PÚBLICA – *Sílvio Luís Ferreira da Rocha*
15. DESAPROPRIAÇÃO DE BENS PÚBLICOS (à luz do princípio federativo) – *Letícia Queiroz de Andrade*

Letícia Queiroz de Andrade

DESAPROPRIAÇÃO DE BENS PÚBLICOS
(à luz do princípio federativo)

DESAPROPRIAÇÃO DE BENS PÚBLICOS
(à luz do princípio federativo)

© LETÍCIA QUEIROZ DE ANDRADE

ISBN: 85.7420.589.3

Direitos reservados desta edição por
MALHEIROS EDITORES LTDA.
Rua Paes de Araújo, 29, conjunto 171,
CEP: 04531-940 – São Paulo - SP
Tel.: (0xx11) 3078-7205 – Fax: (0xx11) 3168-5495
URL: www.malheiroseditores.com.br
e-mail: malheiroseditores@terra.com.br

Composição
Scripta

Capa
Criação: Vânia Lúcia Amato
Arte: PC Editorial Ltda.

Impresso no Brasil
Printed in Brazil
03.2006

*À minha mãe e ao meu pai,
Joaquina e Almir,
que, com o exemplo de suas vidas,
me ensinaram o valor dos estudos
e de sua aplicação,
e ao Daniel,
meu amado companheiro de vida.*

AGRADECIMENTOS

Agradeço aos meus amigos e colegas, que tanto me incentivam e apóiam, e, em especial:

– à Dra. Léia Silveira Beraldo, que guiou meus primeiros passos no direito, e, dentre as inúmeras lições que me ensinou, para destacar apenas duas dessas lições de caráter profissional, apresentou-me à seriedade e à dedicação que um profissional deve ter para desempenhar satisfatoriamente seus misteres;

– à Professora Weida Zancaner, pessoa cuja generosidade e sabedoria tanto me beneficiaram, e que, com seu brilho e inteligência, despertou meu amor pelo Direito Administrativo;

– ao Professor Celso Antônio Bandeira de Mello, pelo privilégio de poder ter sido sua aluna, não só no curso de mestrado, mas também neste trabalho, com o que me deu a oportunidade de ouvir de perto suas lições jurídicas, das quais emanam verdadeiras lições de vida;

– à Dra. Márcia Villares de Freitas, pelas instigantes discussões jurídicas aplicadas, de uma das quais resultou a curiosidade pelo tema ora tratado;

– aos Drs. Maurício Portugal e Conrado Ümber, pelas preciosas indicações bibliográficas;

– à FAPESP – Fundação de Amparo à Pesquisa do Estado de São Paulo, pelo apoio dado para realização desta dissertação, mais especificamente, em sua fase inicial.

PREFÁCIO

A desapropriação de bens públicos jamais foi assunto doutrinariamente pacificado. Muito pelo contrário. As mais distintas opiniões têm sido sustentadas e todas elas trazendo em seu socorro argumentos ponderáveis. O § 2º do art. 2º do Decreto-lei n. 3.365, de 1941, que cuidou do tema, cifrou-se a contemplar a possibilidade de expropriação de bens "dos Estados, Municípios, Distrito Federal e Territórios" pela União e municipais pelos Estados, silenciando e deixando, pois, em aberto a expropriabilidade recíproca de bens pertencentes a pessoas do mesmo escalão, obviamente quando sediados no espaço territorial do eventual expropriante.

Além disto – e será este o ponto mais importante – já tem sido posto reparo no fato de que a solução adotada no referido diploma, ao estabelecer uma gradação entre estes eventuais expropriantes de bens públicos e a possibilidade de que fosse efetuada unicamente em função da posição abstrata deles, menosprezou um tópico que deveria ter sido considerado de máximo relevo, qual seja: o da categorização tipológica do bem a ser desapropriado em confronto com a destinação que se lhe pretenda dar. Dessarte, deixou-se, então, de sopesar a proximidade da vinculação do bem ao interesse público, que é a final, a verdadeira justificativa do instituto da desapropriação. Com base nisto e na própria índole de um regime federativo podem ser levantados sérios questionamentos ao dispositivo em questão.

A professora LETÍCIA QUEIROZ DE ANDRADE, em sua magnífica disserta ção de mestrado, examinou de lés à lés, de barra à barra, os vários aspectos suscitáveis pelo tema. Esquadrinhou os argumentos brandidos em um ou outro sentido pelos diferentes doutrinadores que se debruçaram sobre a questão e propôs sua própria solução, com espírito de independência e ousadia, mas com solidíssimo embasamento.

Seu trabalho está construído quase que como um silogismo. Primeiramente efetuou um estudo muitíssimo bem feito sobre o princípio federativo. Deu-lhe a extensão e a compostura necessária para a finalidade que lhe suscitou o exame. Não se estendeu além do que seria requerido, nem pecou por insuficiência. Foi precisa. Firmadas as bases de onde partiria, ofereceu ao leitor um nutrido exame panorâmico da legislação, doutrina e jurisprudência sobre a expropriação de bens públicos, que é o título perfeitamente cabível que atribuiu à Segunda Parte do livro. Fez a seguir uma aplicação impecavelmente lógica dos princípios que havia inicialmente estabelecido em função do regime federativo aos problemas que, em face dele, a desapropriação de bens públicos suscita. Com base nisto e já tomando partido nas questões mais polêmicas, foi abrindo caminho para se orientar no cipoal de opiniões divergentes, deixando, aliás, sempre perfeitamente clara a compreensão de que, respeitadas as inerências da Federação, a verdadeira índole do instituto da desapropriação é que teria de nortear as soluções.

Todo o livro está vertido em linguagem límpida, didática, na qual resplandece uma capacidade de comunicação incomum. Fui orientador da tese, e nisto tive muito gosto e trabalho quase nenhum. A meu juízo, concorde-se ou não com todos e cada um dos pontos de vista da autora, o certo é que, para além de qualquer dúvida, este é um livro de leitura imprescindível na matéria.

CELSO ANTÔNIO BANDEIRA DE MELLO

SUMÁRIO

PREFÁCIO – Prof. Celso Antônio Bandeira de Mello 9
INTRODUÇÃO – *APRESENTAÇÃO DO TEMA E CONSIDERAÇÕES INTRODUTÓRIAS* 13
PARTE I – **O PRINCÍPIO FEDERATIVO** 17
CAPÍTULO 1 – *O CARÁTER FUNDAMENTAL DO PRINCÍPIO FEDERATIVO* 19
    1. Os princípios jurídicos fundamentais 19
    2. O princípio federativo como princípio fundamental do sistema jurídico brasileiro 25
CAPÍTULO 2 – *O CONTEÚDO JURÍDICO DO PRINCÍPIO FEDERATIVO* 28
    1. O conteúdo mínimo de significado atribuído ao vocábulo "federação" e a significação jurídica de seus critérios de uso 30
        1.1 Primeiro critério: descentralização do poder político 31
        1.2 Segundo critério: autonomia recíproca 33
        1.3 Terceiro critério: integração em um mesmo território 34
    2. As diretrizes de sentido componentes do conteúdo jurídico do princípio federativo 38

PARTE II – **IDENTIFICAÇÃO DOS PROBLEMAS ACERCA DA DESAPROPRIAÇÃO DE BENS PÚBLICOS** 55
CAPÍTULO 3 – *PANORAMA DE REFERÊNCIAS LEGISLATIVAS, DOUTRINÁRIAS E JURISPRUDENCIAIS ACERCA DA DESAPROPRIAÇÃO DE BENS PÚBLICOS* 57

PARTE III – **EXAME DOS PROBLEMAS À LUZ DO PRINCÍPIO FEDERATIVO** 85
CAPÍTULO 4 – *A POSSIBILIDADE JURÍDICA DE EXERCÍCIO DO PODER EXPROPRIATÓRIO ENTRE AS ENTIDADES FEDERATIVAS* 87
    1. A situação jurídica que autoriza o exercício do poder expropriatório também pode se configurar entre as entidades federativas 88
    2. A compatibilidade do exercício do poder expropriatório entre as entidades federativas com a "autonomia recíproca" e o "equilíbrio federativo" 100
    3. A desnecessidade de expressa previsão infraconstitucional para autorizar o exercício de poder expropriatório entre entidades federativas 104

CAPÍTULO 5 – AS CONDIÇÕES A SEREM OBSERVADAS PARA A PRÁTICA DA
DESAPROPRIAÇÃO DE BENS PÚBLICOS 109
1. A condição subjetiva 110
2. A condição objetiva 117
3. A condição finalística: critério para a resolução dos conflitos entre as
entidades federativas 122

CAPÍTULO 6 – EXTENSÃO ÀS PESSOAS ADMINISTRATIVAS DO MESMO TRATAMENTO
JURÍDICO APLICÁVEL ÀS ENTIDADES FEDERATIVAS
1. Pólo ativo da desapropriação 127
2. Pólo passivo da desapropriação 130

CONCLUSÃO

CAPÍTULO 7 – PROPOSTA DE TRATAMENTO JURÍDICO APLICÁVEL À DESAPROPRIAÇÃO
DE BENS PÚBLICOS 136

BIBLIOGRAFIA 141

INTRODUÇÃO

Apresentação do tema e considerações introdutórias

Embora o uso ou a aquisição de bem público por entidade federativa, ou por pessoas jurídicas que a ela estejam administrativamente ligadas, deva ocorrer preferencialmente mediante acordo entre as partes envolvidas, privilegiando-se, se possível, o uso compartilhado do bem, em não havendo consenso entre elas, cogita-se da possibilidade de desapropriação do bem público necessário à satisfação de outro interesse público.

A "desapropriação de bens públicos" é, portanto, tema que parte de um conflito já instaurado entre as entidades federativas: uma delas necessita de um determinado bem que ou é de propriedade da outra ou está vinculado a serviço que seja de sua competência, e, essa outra entidade resiste em se despojar desse bem.

Nesse ponto, antes de prosseguirmos com a apresentação do tema, há dois esclarecimentos que se fazem necessários para o fim de delimitar o objeto do presente trabalho.

O primeiro esclarecimento é que utilizamos o vocábulo *bem*, no sentido de coisa, material ou imaterial, que tem valor econômico e que pode ser objeto de uma relação jurídica.[1] E, quando empregamos o qualificativo *pú-*

---

1. Esse é o sentido conferido ao vocábulo por Agostinho Alvim, citado por Maria Helena Diniz, em seu *Código Civil Anotado*, p. 90, que parece ser também o sentido adotado no Código Civil de 2002. Com esse esclarecimento acerca do significado que atribuímos ao vocábulo *bem*, pretendemos apenas deixar claro que o utilizamos em seu sentido estrito, e não no sentido amplo de qualquer objeto de direito. Não se pretende, com esse singelo esclarecimento, tomar posição na celeuma que cerca a distinção entre *coisa* e *bem*. Acerca das opiniões que atribuem à expressão *bem* sentido diferente ao que foi por nós adotado, diferenciando-a do vocábulo *coisa*, consulte-se Caio Mário da Silva Pereira, *Instituições de Direito Civil*, p. 272 ("Sob o aspecto de sua materialidade é que se faz a distinção entre coisa e bem"), e, tambem, Silvio Rodrigues, *Direito Civil*, Parte Geral, p. 110 ("Com efeito coisa é o gênero do qual bem é espécie. A diferença específica está no fato de esta última incluir na sua compreensão a idéia de utilidade e raridade, ou seja, a de ter valor econômico").

blico junto a esse vocábulo, nos referimos aos bens regidos, com maior ou menor intensidade, pelo direito público, seja porque pertencem às pessoas jurídicas de direito público, seja porque estão afetados a um serviço público.

O segundo esclarecimento é que tratamos aqui apenas da desapropriação por necessidade ou utilidade pública, atualmente regulamentada pelo Decreto-lei n. 3.365/1941. O corte, além de ser necessário para limitar a extensão do trabalho, justifica-se também porque é com relação a esse tipo de desapropriação que mais usualmente se pensa e se escreve sobre o tema da *Desapropriação de Bens Públicos*.

Isso não significa que as conclusões a que chegamos nesse trabalho não possam ser aproveitadas para os outros tipos de desapropriação, mas deve ficar claro que o instrumental que nos conduziu a essas conclusões foi concebido em consideração apenas da desapropriação por necessidade ou utilidade pública.

Pois bem. No ordenamento jurídico positivo brasileiro, há dois dispositivos legais que se referem expressamente à *desapropriação de bens públicos*, por motivo de necessidade ou utilidade pública: o art. 32 do Decreto 24.643, de 10.7.1934, o Código de Águas, e o § 2º do art. 2º do Decreto-lei 3.365, de 21.6.1941, que dispõe sobre as desapropriações por utilidade pública.

O art. 32 do Código de Águas refere-se à desapropriação de *águas públicas* e estabelece que:

"Art. 32. As águas públicas de uso comum ou patrimoniais, dos Estados ou dos Municípios, bem como as águas comuns e as particulares, e respectivos álveos e margens, podem ser desapropriadas por necessidade ou por utilidade pública:

"a) todas elas pela União;

"b) as dos Municípios e as particulares, pelos Estados;

"c) as particulares, pelos Municípios."

O art. 2º do Decreto-lei 3.365, de 21.6.1941, refere-se à desapropriação dos bens em geral e o § 2º, à desapropriação dos *bens públicos*:

"Art. 2º. Mediante declaração de utilidade pública, todos os bens poderão ser desapropriados, pela União, pelos Estados, Municípios, Distrito Federal e Territórios.

"§ 1º. (...).

"§ 2º. Os bens do domínio dos Estados, Municípios, Distrito Federal e Territórios poderão ser desapropriados pela União, e os dos Municípios pelos Estados, mas, em qualquer caso, ao ato deverá preceder autorização legislativa."

Além de se referirem expressamente à possibilidade de exercício do poder expropriatório entre as entidades federativas e de estabelecerem um critério para a desapropriação de bens públicos, baseado em uma escala expropriatória descendente entre a União, os Estados (e Distrito Federal) e os Municípios, os referidos dispositivos legais possuem ainda em comum o fato de terem sido editados em épocas ditatoriais (respectivamente, Governo Provisório e Estado Novo), nas quais, não só o Parlamento havia sido dissolvido, como também os Estados eram governados por interventores federais.

Tal circunstância histórica reforça a necessidade de se fazer uma análise crítica dos referidos dispositivos, sobretudo do art. 2º, § 2º, do Decreto-lei 3.365/1941, de caráter mais geral, a fim de saber se a possibilidade de exercício de poder expropriatório entre as entidades federativas reconhecida por esses dispositivos e a escala expropriatória que estabelecem são ou não compatíveis com a ordem constitucional vigente, e, em especial, com o princípio federativo, que é a norma jurídica fundamental acerca do relacionamento entre essas entidades.

Parte I
O PRINCÍPIO FEDERATIVO

Posto que o tema objeto deste trabalho parte de uma situação de conflito já instaurado entre as entidades federativas, a adequação jurídica do tratamento jurídico proposto para a resolução dos problemas a ele relacionados depende de que sejam enfocados à luz do princípio federativo. Esta primeira parte do trabalho, composta por dois capítulos, é dedicada a esse princípio que iluminou nossa compreensão acerca do tema: o Capítulo 1 contém considerações sobre a posição jurídica ocupada pelo princípio federativo no sistema jurídico brasileiro e seu caráter de norma jurídica fundamental; e o Capítulo 2 contempla o que consideramos ser o conteúdo jurídico do princípio federativo, ou seja, o que diz esse princípio, qual é sua fala prescritiva.

Capítulo 1
O CARÁTER FUNDAMENTAL DO PRINCÍPIO FEDERATIVO

1. Os princípios jurídicos fundamentais. 2. O princípio federativo como princípio fundamental do sistema jurídico brasileiro.

O *caput* do art. 1º da Constituição da República Federativa do Brasil proclama o que o nome do Estado brasileiro já indica: a eleição da forma federativa de Estado como modelo de organização territorial do poder político.

O princípio federativo, norma jurídica cujo conteúdo será exposto no capítulo seguinte, é a linha mestra da tradução dessa opção política no sistema jurídico brasileiro, com relação ao qual desempenha a função de *princípio jurídico fundamental*.

Este capítulo objetiva esclarecer, em primeiro lugar, o que são, em nossa opinião, os princípios fundamentais de um sistema jurídico, sua natureza, a função que desempenham e os efeitos jurídicos que produzem e, depois, falar sobre como o princípio federativo se consubstancia em princípio fundamental do sistema jurídico brasileiro.

1. Os princípios jurídicos fundamentais

Princípios jurídicos fundamentais são a tradução normativa dos valores, dos objetivos e das opções econômicas, políticas e sociais, eleitos para servirem de base na composição do modelo de Estado correspondente a uma determinada sociedade.

Tais princípios constituem, portanto, a razão de ser e, ao mesmo tempo, a finalidade última de todas as demais normas jurídicas, que, articuladas em torno do sentido por eles ditado, podem ser consideradas partes de um sistema, sociologicamente referido.

20 DESAPROPRIAÇÃO DE BENS PÚBLICOS À LUZ DO PRINCÍPIO FEDERATIVO

Acerca da importância dessa *função sistemática* desempenhada pelos princípios fundamentais, confira-se o que diz Geraldo Ataliba: "Olvidar o cunho sistemático do Direito é admitir que suas formas de expressão mais salientes, as normas, formam um amontoado caótico, sem nexo, nem harmonia, em que cada preceito ou instituto pode ser arbitrária e aleatoriamente entendido e aplicado, grosseiramente indiferente aos valores jurídicos básicos resultantes da decisão popular. O resultado da prevalência dessa concepção será a desordem, a insegurança, a imprevisibilidade, a liberação do arbítrio, o estímulo à prepotência. Será a negação do Direito, no que ele tem de mais essencial, que é sua 'significação normativa', tal como exposta por Tércio Sampaio Ferraz Jr. (*Conceito de Sistema no Direito*, Ed. RT, p. 173)".[1]

O qualificativo *fundamental* que atribuímos a essa espécie peculiar de normas jurídicas deve-se, assim, à função que desempenham como *fundamento* e *justificativa* de todas as demais normas do sistema jurídico.

Por força desse seu caráter fundamental, tais princípios não poderiam, ao menos atualmente, se localizar em outro local que não nas constituições, quer lá se encontrem expressamente vazados, quer de lá decorram, implicitamente, de sua lógica.

E, com isso, os princípios fundamentais se consubstanciam em fundamento de legitimidade *substancial* e *formal* de todas as demais normas jurídicas, conforme anota Paulo Bonavides: "Fazem eles a congruência, o equilíbrio e a essencialidade de um sistema jurídico legítimo. Postos no ápice da pirâmide normativa, elevam-se, portanto, ao grau de norma das normas, de fonte das fontes. São qualitativamente a viga-mestra do sistema, o esteio de legitimidade constitucional, o penhor da constitucionalidade das regras de uma Constituição".[2]

Enquanto normas primordiais[3] de um sistema jurídico, tanto sob o aspecto substancial quanto formal, a especialidade da eficácia jurídica dos princípios fundamentais consiste em informar o sentido que deve *obrigatoriamente* inspirar a elaboração de todas as demais normas jurídicas, considerando-se como elaboração destas não só o processo que resulta nas normas gerais e abstratas, mas também a interpretação que delas se faz, para que sejam aplicadas ao caso concreto.

Nesse sentido, a seguinte definição de Vezio Crisafulli: "I principî generali sono, perciò, se considerati dal punto di vista della dinamica interna dell'ordinamento, norme determinanti la pozione di altre norme (particolari)

---

1. *República e Constituição*, p. 15.
2. *Curso de Direito Constitucional*, p. 294.
3. *Primordiais* no sentido de primeiro, primitivo, aquele que serve de origem, originário (cf. Caldas Aulete, vol. 5, 4ª ed., 1985, p. 2.942).

subordinate; se considerati dal punto di vista dell'ordinamento già formato, assunto come dato obiettivo e oggetto d'interpretazione (che è poi il punto di vista di più comune e largo interesse, sopratutto per la pratica) norme riassuntive del significato essenziale di più altre (particolari): le quali possono andare, a seconda del grado di generalità del principio, dalle poche norme disciplinanti oggetti limitati, a quelle formanti un istituto più o meno complesso, a quelle costituenti un insieme di istituti tra loro collegati, un settore dell'ordinamento, e via via, l'ordinamento stesso nella sua interezza".[4]

Conforme já destacado, é dessa força *normogenética*[5] dos princípios fundamentais que resulta a consistência de sentido de um sistema jurídico, motivo pelo qual seu conhecimento é imprescindível para que se possa apreender integralmente o sentido das normas que compõem o sistema jurídico correspondente, idéia magistralmente desenvolvida por Celso Antônio Bandeira de Mello na seguinte definição: "Princípio – já averbamos alhures – é, por definição, mandamento nuclear de um sistema, verdadeiro alicerce dele, disposição fundamental que se irradia sobre diferentes normas compondo-lhes o espírito e servindo de critério para sua exata compreensão e inteligência exatamente por definir a lógica e a racionalidade do sistema normativo, no que lhe confere a tônica e lhe dá sentido harmônico. É o conhecimento dos princípios que preside a intelecção das diferentes partes componentes do todo unitário que há por nome sistema jurídico positivo".[6]

Os princípios fundamentais diferenciam-se dos demais princípios justamente por esse seu caráter fundamental, com os reflexos que tal circunstância acarreta na extensão de seu campo de abrangência, diferença que é apontada por Celso Antônio Bandeira de Mello, nos seguintes termos: "Algumas noções ou princípios são categorias em relação a outros, de significado mais restrito, porque abrangentes de alguns institutos apenas. Estes, a seu turno, desempenham função categorial relativamente a outros mais particularizados que os anteriores. Assim se processa uma cadeia descendente de princípios e categorias até os níveis mais específicos. Alguns alicerçam todo o sistema; outros, destes derivados, dizem respeito ora a uns, ora a outros institutos, interligando-se todos, não só em plano vertical, como horizontal, formando uma unidade, um complexo lógico (...)".[7]

Vezio Crisaffuli também destaca o caráter *absoluto* dos princípios que ora denominamos fundamentais, em oposição à *relatividade* que caracteriza

---

4. "Per la determinazione dei concetto dei principi generali dei diritto", *Rivista Internazionale di Filosofia dei Diritto*, vol. XXI, p. 241.
5. Utilizando-nos da expressão de J. J. Gomes Canotilho, *Curso de Direito Constitucional*, p. 1.125.
6. *Curso de Direito Administrativo*, pp. 888-889.
7. Idem, pp. 80-81.

os demais princípios, na passagem abaixo transcrita: "Ad una definizione, e perciò ad una conseguente classificazione, più rigide ed assolute si potrebbe pervenire, soltanto restringendo il concetto dei principî generali a quelli non sussumibili in principî di ordine superiore, cioè ai pochi principî massimi e fondamentali che stanno a base dell'intero ordinamento. Giacché, allora, essi si contrapporrebbero, per la loro non sussumibilità, a tutte le altre norme: essendo, invece, queste sempre sussumibili in altre di crescente comprensione, fino a risalire, via via, a quei principî primi e, inversamente, ultimi – ossia conclusivi – del sistema".[8]

Tal diferença entre os princípios foi expressamente reconhecida em nosso sistema jurídico, conforme observa Carlos Ayres Britto:

"Desde os primeiros meses de nascimento do nosso Código Supremo que vimos chamando a atenção para o fato de que o Direito Constitucional Positivo brasileiro passou a denominar alguns princípios de 'fundamentais' e, sob a mesma etiqueta, o segmento normativo versante sobre 'direitos e garantias'. Com o que passou a ensejar um novo ponto de distinção entre as suas normas, no plano da maior ou menor relevância intra-sistemática.

"Com efeito, o nome do título introdutório do nosso Código Supremo é, literalmente, 'Dos Princípios Fundamentais'. O de n. 2 repisa o adjetivo fundamentais para qualificar a locução substantiva 'Dos Direitos e Garantias'. E assim como a Lei Maior se autodiscriminou em normas constitutivas de princípios e normas constitutivas de prescrições comuns (ou preceitos, como habitualmente se diz), é óbvio que o novo intento foi o de abrir a disseptação entre duas espécies do gênero normas principiológicas, a saber: 'princípios fundamentais' e 'simples princípios', ou princípios constitucionais maiores e princípios constitucionais menores. Os primeiros, acantonados nos dois títulos iniciais da Constituição. Os segundos, nos títulos subseqüentes."[9]

Essa distinção nominal estabelecida pela Constituição entre os princípios fundamentais e os demais princípios corresponde a um tratamento formal também diferenciado: esses princípios fundamentais são cláusulas *pétreas* da Constituição, o que significa que nem mesmo o poder constitucional de reforma pode retirá-los de lá.

Em nossa opinião, todos os princípios fundamentais são *pétreos*, no sentido de que constituem o núcleo imutável de uma constituição, cuja preservação é necessária para sua própria sobrevivência, daí a freqüente com-

---

8. "Per la determinazione...", cit., p. 244.
9. "As cláusulas pétreas e sua função de revelar e garantir a identidade da Constituição", in Carmem Lúcia Antunes Rocha (Org.), *Perspectivas do Direito Público*, p. 180.

paração desses princípios com os *alicerces* de um prédio e com a *alma* de um ser humano.

Em contrapartida, adotamos um conceito de princípios fundamentais um pouco mais restrito do que o adotado por Carlos Ayres Britto, segundo o qual seriam princípios fundamentais todos aqueles referidos nos Títulos I e II da Constituição Federal.[10]

Assim, de acordo com o conceito que formulamos no início deste capítulo, os princípios fundamentais de nosso sistema jurídico são apenas aqueles que decorrem do Título I da Constituição, que se refere, justamente, aos "princípios fundamentais".

Distanciamo-nos, por essa razão, do caminho a seguir trilhado pelo Autor acima citado ao estabelecer mais uma distinção entre os princípios que denomina fundamentais e os princípios que denomina protofundamentais, com base em que apenas esses últimos seriam *pétreos*.

Como dito, todos os princípios fundamentais são *pétreos*, porquanto a *petrealidade* expressamente estabelecida no art. 60, § 4º, não é característica exclusiva dos princípios fundamentais referidos nos incisos que se seguem ao § 4º desse artigo, se considerarmos que o *poder constituinte originário* é a expressão máxima da *soberania popular* e que o Estado brasileiro, *por ele instaurado*, a ele se subordina.

Se assim é, como cremos que seja, os *fundamentos* que o poder constituinte originário elegeu para servirem de base à instauração do Estado brasileiro (conforme refere-se expressamente o *caput* do art. 1º aos incisos que a ele se seguem), bem como os *objetivos* que constituem a razão de ser do Estado brasileiro (expressos no art. 3º) e *a origem do poder estatal* (declarada no parágrafo único do art. 1º) *não podem ser modificados pelo próprio Estado, que com base e em razão deles foi instituído*.

Por isso é que, deste modo, a *petrealidade* não se restringe aos princípios fundamentais referidos nos incisos do § 4º do art. 60, mas se estende aos referidos nos arts. 1º (*caput*, incisos e parágrafo único), 2º, 3º e 4º.

Da *petrealidade* desses princípios deriva a intensidade da repulsa constitucional à sua violação, que pode ser medida pela vedação dirigida ao poder constituinte derivado, segundo a qual não deverá ser sequer objeto de deliberação a proposta de emenda tendente a abolir os princípios fundamentais.

---

10. Em nossa opinião, os princípios e regras referidos no art. 5º do Título II, por exemplo, já são, na verdade, desdobramento e especificação dos princípios fundamentais da dignidade da pessoa humana e da cidadania, os quais conferem o direito de ter direitos e garantias individuais e coletivas.

Note-se que a vedação não recai apenas sobre as propostas *de abolição* desses princípios, mas também sobre aquelas que *tendam a aboli-los*, ou seja, que proponham a restrição de sua dimensão e sentido, *tal como concretamente configurados na Constituição*.

Com efeito, o tratamento formal diferenciado que a Constituição atribui a essas normas constitui uma auto-proteção, uma vez que, sendo elas que lhe conferem a identidade, sem elas, não sobreviveria: ter-se-ia uma outra Constituição.

Nesse sentido, o alerta de Celso Antônio Bandeira de Mello: "Violar um princípio é muito mais grave que transgredir uma norma qualquer. A desatenção ao princípio implica ofensa não apenas a um específico mandamento obrigatório, mas a todo o sistema de comandos. É a mais grave forma de ilegalidade ou inconstitucionalidade, conforme o escalão do princípio atingido, porque representa insurgência contra todo o sistema, subversão de seus valores fundamentais, contumélia irremissível a seu arcabouço lógico e corrosão de sua estrutura mestra".[11]

Sendo assim, enquanto essa Constituição permanecer vigente, não há norma jurídica, seja de emenda à própria Constituição, seja a que sirva especificamente para a resolução de um caso concreto, que possa ser elaborada sem que se considere e siga o sentido para o qual tais princípios apontam, sob pena de nulidade do ato jurídico (emenda, lei, decisão...) que não os tenha considerado, ou que, tendo-os considerado, lhes contrarie o sentido.

Com efeito, cada princípio aponta para uma direção e contém a determinação de que essa direção seja observada, isso é o que chamamos de seu *conteúdo jurídico*. E, acerca do que significa *observar* um determinado princípio, vale reproduzir as palavras de Tércio Sampaio Ferraz: "Não se cumpre um princípio repetindo o seu teor, mas emitindo regras que com ele compõem um conjunto harmônico. Como princípios não exigem um comportamento específico nem são aplicáveis à maneira de um 'tudo ou nada', observá-los significa seguir-lhes a orientação (...)".[12]

Assim, face ao exposto, pode-se concluir dizendo que a observação dos princípios fundamentais impõe-se ao *legislador constitucional*, que não pode sequer deliberar sobre propostas que tendam a aboli-los; ao *legislador infraconstitucional*, que deve produzir as normas jurídicas gerais e abstratas necessárias à concretização desses princípios, e, não deve produzir normas jurídicas que lhes contrariem o sentido; *aos membros da administração pública*, que devem também produzir as normas jurídicas para desenvolvimen-

---

11. *Curso de Direito Administrativo*, p. 889.
12. "Princípios condicionantes do Poder Constituinte Estadual em face da Constituição Federal", *RTDP* 92/40.

to desses princípios, e não devem produzir normas jurídicas gerais e abstratas ou individuais e concretas que lhes contrarie o sentido; *aos membros do judiciário*, que devem considerar e seguir o sentido informado pelos princípios na elaboração das normas jurídicas necessárias para a resolução de problemas jurídicos concretos, sobretudo, quando não existam ou não existam regras claras para a resolução desses problemas; e, também, *à sociedade em geral*, que, da mesma forma, não deverá produzir normas jurídicas que lhes contrariem o sentido.

2. O princípio federativo como princípio fundamental do sistema jurídico brasileiro

O princípio federativo é a linha mestra da tradução normativa de uma opção política referente à *forma de organização territorial do poder político* no sistema jurídico brasileiro, com relação ao qual desempenha o caráter de princípio fundamental.

O caráter fundamental desse princípio está expressamente reconhecido no inciso I, do § 4º, do art. 60, que inclui a "forma federativa de Estado" entre as cláusulas pétreas da Constituição e veda até mesmo a deliberação de propostas que tendam a aboli-la.

Refere-se o art. 60, § 4º, I, em nossa opinião, *à forma federativa soberanamente adotada para o Estado brasileiro*, e não à forma federativa, considerada enquanto modelo abstrato de organização territorial do poder político.

Entender de forma contrária seria admitir que a norma constitucional em questão estaria se referindo a um modelo *ideal* ou a características *essenciais* das federações. E, como não acreditamos na valia de modelos *ideais* e de características *essenciais* às federações, que sejam independentes da realidade das normas jurídicas que configuram cada federação no tempo e no espaço, discordamos desse entendimento.

Ora, não recaísse a proteção do art. 60, § 4º, I, sobre as características estruturais *da federação brasileira*, que devem ser inferidas das normas jurídicas que compõem o modelo a ela correspondente, de onde seriam retiradas as características federativas que se objetiva proteger? Quais seriam esse modelo ideal e essas características essenciais? Quem os elegeria? Com qual legitimidade?

Por esse motivo, portanto, o que se proíbe através do comando contido no art. 60, § 4º, I, não é apenas a substituição da forma federativa de Estado pela forma confederativa ou unitária, mas, também, a substituição da estrutura e valores básicos *da forma federativa soberanamente adotada pelo poder constituinte originário para o Estado brasileiro*.

A idéia de que a norma decorrente do art. 60, § 4º, I, produziria o efeito jurídico exclusivo de evitar a adoção da forma confederativa, que é corolário do entendimento do qual discordamos acima, foi defendida pelo Ministro Nelson Jobim no voto que proferiu no julgamento da ADI 2.024-2, em 27.10.1999, cujo objeto era a declaração de inconstitucionalidade de lei federal previdenciária, que estaria restringindo a autonomia dos Estados.

Apesar de terem votado, ao final, no mesmo sentido, o Ministro Sepúlveda Pertence, relator do Acórdão, esposou posição diversa da defendida pelo Ministro Nelson Jobim, no que se refere ao objeto da proteção de que cuida o art. 60, § 4º, I e, embora, nesse mesmo voto, tenha admitido a existência de características que seriam *essenciais* à federação, estabelece limites à utilidade dessas características, destacando a importância da consideração das regras específicas de cada federação, para resolver os problemas de aplicabilidade das normas a ela relativos, conforme segue:

"Concorrendo, porém, esses caracteres típicos essenciais, a partir deles, as Federações apresentam, no Direito Comparado, uma multiplicidade de variações que já não comportam inclusão num conceito unívoco e de validez geral, embora muitas vezes de particular relevância no modelo concreto de que se cogita.

"Por isso – a exemplo do que sucede com o princípio da separação dos Poderes (*v.g.*, ADIs 98-MT e 105-MG, Pertence) – também o da 'forma federativa de Estado', o princípio erigido em 'cláusula pétrea' de todas as Constituições da República – como tal, não pode ser conceituado a partir de um modelo ideal e apriorístico de Federação, mas, sim, daquele que o constituinte originário concretamente adotou e, como o adotou, erigiu em limite material imposto às futuras emendas à Constituição.

"*Não são tipos ideais de princípios e instituições que é lícito supor tenha a Constituição tido a pretensão de tornar imutáveis, mas sim as decisões políticas fundamentais, freqüentemente compromissórias, que se materializaram no seu texto positivo*" (destaque nosso)

Dizer que o objeto da proteção do art. 60, § 4º, I, é *a forma federativa adotada pela Constituição para o Estado brasileiro*, e não um modelo ideal de federação, não importa em afirmar que não possam ser alteradas quaisquer regras relativas à federação brasileira.

O que não pode ser alterado, sob pena de se afrontar a soberania representada pelo poder constituinte originário, são as diretrizes básicas da federação brasileira, núcleo de sentido que, em nossa opinião, encontra-se no *conteúdo jurídico do princípio federativo* a ela correspondente, o qual, pelas razões expostas neste capítulo, deve influenciar a elaboração de quaisquer normas jurídicas relacionadas à forma de organização territorial do poder político no Brasil, ao seu exercício, às entidades que o exercem e às relações que, para tanto, estabelecem.

Sendo assim, o Capítulo 2, seguinte, não se destina à busca de conceitos ideais, mas à investigação do conteúdo jurídico de um princípio, tal como concretamente configurado em nossa Constituição, para que possa servir na resolução de problemas a ele relacionados, na esteira do que ensina J. J. Gomes Canotilho: "Na sua qualidade de princípios constitucionalmente estruturantes eles devem ser compreendidos como princípios concretos, consagrados numa ordem jurídico-constitucional em determinada situação histórica. Não são, pois, expressões de um direito abstracto ou 'pontos fixos', sistematicamente reconduzíveis a uma 'ordem divina', 'natural' ou 'racional', sem qualquer referência a uma ordem política comunitária".[13]

---

13. *Direito Constitucional e Teoria da Constituição*, p. 1.149.

Capítulo 2
O CONTEÚDO JURÍDICO DO PRINCÍPIO FEDERATIVO

1. O conteúdo mínimo de significado atribuído ao vocábulo "federação" e a significação jurídica de seus critérios de uso: 1.1 Primeiro critério: descentralização do poder político; 1.2 Segundo critério: autonomia recíproca; 1.3 Terceiro critério: integração em um mesmo território. 2. As diretrizes de sentido componentes do conteúdo jurídico do princípio federativo.

A identificação do conteúdo jurídico dos princípios acolhidos em um determinado sistema jurídico demanda sempre um trabalho de construção por parte do intérprete, que deve estar alicerçado nas normas jurídicas a eles relacionadas, em nosso caso, as normas jurídicas que compõem o modelo federativo brasileiro.

Para além da satisfação de curiosidades intelectuais, a identificação do conteúdo jurídico de um determinado princípio serve para conferir maior densidade ao princípio considerado, com o conseqüente aumento de sua eficácia jurídica.[1]

O trabalho que nos propomos a desenvolver neste capítulo é o de desvendar *o que diz* o princípio federativo, qual o *sentido obrigatório para o qual aponta*, qual sua *fala prescritiva*. Núcleo de significação que será, como dito, extraído das normas jurídicas que compõem o modelo federativo brasileiro.

1. Ilustre-se, como exemplo dos resultados que esforços nesse sentido podem trazer para ciência jurídica, o trabalho empreendido por Celso Antônio Bandeira de Mello no que diz respeito ao princípio da igualdade, do qual destacamos a seguinte passagem, reveladora da preocupação do autor com o adensamento da eficácia jurídica do princípio considerado: "Só respondendo a estas indagações poder-se-á lograr adensamento do preceito, de sorte a emprestar-lhe cunho operativo seguro, capaz de converter sua teórica proclamação em uma 'praxis' efetiva, reclamada pelo próprio ditame constitucional" (*O Conteúdo Jurídico do Princípio da Igualdade*, p. 11).

Trata-se, portanto, de identificar o conteúdo jurídico do princípio federativo, tal como acolhido no sistema jurídico positivo brasileiro, para que possa iluminar a compreensão da questão ora em discussão, e não de trabalhar sobre um conceito pretensamente *universal* de federação, mas que, em verdade, limita-se ao *universo* de quem o formulou.

Com efeito, tal conceito de pretensão universal, além de esbarrar no limite acima referido, padeceria ainda de excessiva generalidade e fragilidade, porquanto, para ser universal, haveria de ser tirado de um estudo que tivesse por objeto todas as federações existentes no *universo* e desse conta de explicar as peculiaridades de cada uma delas, ficando, ainda, sujeito a revisões e alterações a cada nova federação que viesse a surgir ou a nova característica atribuída às já existentes.

Tão árduo e infrutífero trabalho poderia ser simplificado, é claro, mediante a adoção de um só modelo de federação como objeto de estudo, elegendo-se, por exemplo, o modelo pioneiro da Constituição norte-americana de 1787, que, em uma determinada época, serviu de inspiração aos demais.

Mas, ainda que algumas características desse modelo específico tenham sido incorporadas aos que a ele se seguiram, o problema com esse procedimento é que se estará formulando, sob o rótulo de conceito *universal*, um conceito relativo à uma federação específica, em uma determinada época, o que, em nome da honestidade intelectual, não se pode admitir.

Por essas razões, não nos propomos a buscar um conceito *universal* de federação, cujas propriedades sejam independentes da realidade das normas jurídicas, que configuram cada federação no tempo e no espaço.

O que existe e possui relevância para o trabalho que nos propomos a desenvolver é um conteúdo mínimo de significado atrelado a esse conceito (na língua portuguesa, representado pelo vocábulo *federação*) por aqueles que dele fazem uso, cuja utilização traz à mente do interlocutor algumas propriedades, que devem estar presentes na realidade a ele referida, para que possa ser utilizado de forma bem sucedida, em um contexto de comunicação.

Assim, quando o art. 1º da Constituição *Federal* enuncia ser o Estado brasileiro uma República *Federativa*, há algumas condições que devem ter sido observadas para que a utilização dos vocábulos destacados corresponda à significação que é usualmente atribuída ao conceito por ele representado.

Caso essas condições não tenham sido observadas, o interlocutor (imaginando-se um interlocutor que já tenha conhecimento da conotação usualmente atribuída ao conceito) estará autorizado a dizer que o vocábulo foi utilizado equivocadamente, pois a realidade por ele representada não apresenta as propriedades usualmente atreladas ao conceito referido pelo vocábulo *federação*. Portanto, em nosso exemplo, poderá dizer que apesar de o

Estado brasileiro ter sido nomeado como República *Federativa*, a forma organizativa que lhe corresponde é a forma unitária de Estado, ou, ainda, a forma confederativa de Estados. (O que não é verdade, como veremos.)

Com isso não estamos deslocando o objeto de nossa investigação, mas apenas reconhecendo que esse objeto, qual seja, o sistema formado pelas normas jurídicas que compõem o *modelo federativo brasileiro*, é um produto cultural e que, portanto, incorpora esse conteúdo mínimo de significado, atrelado ao conceito representado pelo vocábulo *federação* por aqueles que dele fazem uso, mais especificamente, em nosso caso, os juristas.

Esse conteúdo mínimo de significado resultante da elaboração teórica dos juristas sobre o tema federativo possui relevância para o presente trabalho. O conhecimento das propriedades que compõem esse conteúdo, bem como das significações a elas atribuídas, é fundamental para a integral compreensão da mensagem que se quer transmitir com a utilização do vocábulo *federação* nas normas jurídicas, tendo em vista a influência recíproca que teorias e normas jurídicas exercem entre si.

1. O conteúdo mínimo de significado atribuído ao vocábulo "federação" e a significação jurídica de seus critérios de uso

O vocábulo *federação* é usualmente utilizado para indicar uma determinada forma de organização territorial do poder político, caracterizada pela descentralização do poder político entre entidades de base territorial distintas, dotadas de autonomia recíproca, mas integradas em um território único, correspondente a um só Estado, o Estado federal.

Esses critérios de uso são o *mínimo* necessário para isolar a realidade atrelada ao vocábulo *federação* de duas outras realidades, que correspondem a formas distintas de organização territorial do poder político, o *Estado unitário* e a *confederação de Estados*.

Denomina-se *Estado unitário* aquele em que o poder político ou é centralizado por uma única entidade, que o exerce em todo território nacional, ou é descentralizado, mas exercido por entidades desprovidas de autonomia política, pois sujeitas à tutela da entidade que o descentralizou – diferentemente do *Estado federativo* em que o poder político é sempre descentralizado e exercido por entidades politicamente autônomas. E denomina-se *confederação de Estados* a reunião internacional de entidades territoriais que se submetem a algumas normas jurídicas que são válidas para todas, sem estarem, contudo, integradas em um território que corresponda a um só Estado, pois cada uma delas constitui um Estado de *per si* – diferentemente das entidades federativas que integram um só Estado, o *Estado federal*.

Como a federação nos interessa enquanto conceito jurídico, impõe-se elucidar a significação jurídica atribuída a cada um dos critérios de uso do conceito representado pelo vocábulo *federação*, acima apontados, pois iremos nos referir a eles sem maiores explicações quando falarmos especificamente sobre o modelo federativo brasileiro.

1.1 Primeiro critério: descentralização do poder político

O primeiro critério de uso atrelado ao vocábulo *federação* é o de que, mediante sua utilização, está-se fazendo referência a uma forma específica de organização territorial do poder político, caracterizada pela *descentralização do poder político*.

A descentralização é uma categoria geral de direito público correspondente a uma técnica jurídica de organização, por meio da qual se transfere a alguém a *capacidade* de praticar determinadas competências, com o que os poderes e deveres a elas relativos passam a ser externos em relação a quem os transferiu e titularizados por quem os recebeu.

Como para o Direito apenas as *pessoas* são dotadas de *capacidade jurídica*, a descentralização pressupõe que o ente descentralizado tenha personalidade jurídica própria, e produz o efeito de que a capacidade por meio dela transferida passe a pertencer a essa pessoa distinta e externa com relação a quem a transferiu, rompendo-se o vínculo de hierarquia existente quando há mera transferência interna de competências. Conforme aponta Celso Antônio Bandeira de Mello, referindo-se à diferença entre a descentralização e a desconcentração: "Portanto, desconcentração é a distribuição de competências dentro de uma pessoa jurídica. Como resultado os agentes desconcentrados são órgãos que agem em nome do mesmo poder que se desconcentra, fundados em uma só capacidade, razão pela qual são subalternos relativamente ao órgão de cúpula que dirige toda a unidade. Descentralização é a transferência de capacidade relativamente aos poderes que foram transferidos. *Daí porque os agentes descentralizados não são subalternos e nem agentes do Poder descentralizado*" (destaques nossos).[2]

Sendo a ruptura de vínculos de hierarquia e dos poderes de subordinação a ela inerentes característica da descentralização, enquanto categoria geral de direito público, o que distingue a descentralização política da descentralização administrativa, visto que em ambas há ruptura de vínculos de hierarquia e dos respectivos poderes, é o objeto sobre o qual recaem: a primeira tem por objeto a transferência de poderes e deveres de natureza política; a segunda, de poderes e deveres de natureza administrativa.

---

2. *Natureza e Regime Jurídico das Autarquias*, p. 118.

Assim, podemos dizer que *há descentralização política* quando mais de uma pessoa jurídica é titular de poderes e deveres de natureza política, ou seja, *quando mais de uma pessoa jurídica é dotada da capacidade de ser fonte de criação de direito e não há entre elas vínculo de hierarquia.*

Mas, embora não exista vínculo de hierarquia entre a pessoa que descentralizou o poder político e as que passam a titularizá-lo, persiste ainda entre elas um *vínculo de controle ou tutela*, pelo qual a pessoa que descentralizou o poder político poderá influir sobre seu exercício, para o fim de conformá-lo às diretrizes por ela determinadas.

Para melhor explicitar a significação jurídica desse *vínculo de controle que é inerente à descentralização* e elucidar definitivamente a diferença entre controle e hierarquia, imprescindível recorrer novamente ao que ensina Celso Antônio Bandeira de Mello, no trecho abaixo reproduzido: "Por conseguinte a tutela é antes de mais nada um controle, no que diverge profundamente da subordinação hierárquica. Esta tem, a nosso ver, como idéia central, o poder de mando, o que significa plena e contínua disponibilidade sobre a ação dos subordinados. Já a tutela, por ser apenas um controle sobre atividade de pessoa pública, exclui preliminarmente o poder de mando ou a disponibilidade sobre os atos do tutelado. Tendo em vista que os interesses que persegue são seus, competem-lhe. Foram-lhe atribuídos pelo Estado, para os exercer em nome da própria capacidade. A tutela consiste simplesmente no poder de conformar os atos do tutelado às superiores diretrizes da Administração no que envolve tanto aspectos de legalidade como conveniência."[3]

Embora o Autor citado demonstre ao final do trecho destacado que se reporta à descentralização administrativa, acreditamos ser possível aproveitar o quanto dito para qualquer espécie de descentralização, enquanto categoria geral de direito público.

Permanecendo, como visto, esse vínculo de tutela entre as entidades que exercem o poder político descentralizado, *para que se configure a descentralização política típica de um Estado federal*, que deverá resultar no exercício de poder político por entidades reciprocamente autônomas, *é necessário que a descentralização decorra de comando constitucional e não de lei proveniente de uma determinada entidade política.*

Tal característica é eleita por Charles Durand como critério distintivo fundamental para diferenciar o Estado federal do que se denomina de Estado unitário descentralizado, modelo que é adotado, por exemplo, pela Itália, conforme citação de Paulo Bonavides, cujo trecho reproduzimos: "O

---

3. Idem, p. 104.

publicista francês Charles Durand, tão abalizado em matéria federativa, despreza por fatores distintivos entre o Estado unitário descentralizado e o Estado-membro do Estado federal a extensão das autonomias respectivas, a origem histórica das coletividades em questão, bem como o critério que ele reputa correto para o federalismo do século XIX, e já hoje imprestável, da participação dos Estados-membros na formação da vontade federal, entendendo mais seguro tomar por ponto de apoio a seguinte base diversificadora: 'no Estado unitário descentralizado a lei ordinária basta para fixar e modificar o regime jurídico das coletividades internas', ao passo que 'no Estado federal, cabe esse papel não à lei ordinária, mas a uma constituição rígida, a qual, posto que não seja intangível, é todavia muito mais difícil de modificar que a lei ordinária'".[4]

1.2 Segundo critério: autonomia recíproca

Com efeito, quem delega, controla, assim como pode revogar a delegação, de forma que, para que haja *autonomia recíproca* entre as entidades federativas, propriedade que constitui o segundo critério de uso do conceito representado pelo vocábulo *federação*, a capacidade política destas deve ter sido haurida diretamente de uma constituição, do tipo rígida, e não de delegação de alguma outra entidade federativa.

A conseqüência disso é que, tendo haurido sua capacidade política diretamente de uma constituição, as entidades federativas estão legitimadas para exercer essa capacidade, no âmbito delimitado pela constituição, sem sujeição à subordinação ou controle por parte das demais entidades, ou, em outras palavras, com *autonomia*.

Veja-se o que, a esse respeito, diz Celso Antônio Bandeira de Mello: "Afinal, entendemos que o próprio da descentralização política é justamente a titularidade, em favor de uma corporação de base territorial, dos poderes privativos de legislação, de inovar na ordem jurídica, dentro da esfera própria de competência, em cujo âmbito este poder é incontrastável. Em suma, é ser fonte de criação do direito e portanto das genéricas e fundamentais orientações a serem imprimidas por uma comunidade, limitada unicamente pela matriz conformadora de toda ordem jurídica: a Constituição estatal."[5]

De forma que, entre as entidades que integram um Estado adequadamente denominado de *federação* não há vínculos de hierarquia, nem de controle; há, entre elas e as ordens jurídicas que produzem, uma relação de autonomia recíproca e igualdade jurídica.

4. *Ciência Política*, p. 157.
5. *Natureza e Regime Jurídico das Autarquias*, p. 37.

É claro que, para serem autônomas no exercício de suas competências, é necessário que essas entidades também disponham dos meios jurídicos necessários para exercê-las: juntamente com os deveres devem estar os poderes necessários para seu desempenho. É por essa razão que não se concebe autonomia política, sem autonomia administrativa, inclusive, financeira.

Pois bem. Embora sejam autônomas entre si, as entidades federativas são subordinadas à constituição de onde hauriram suas competências e de onde emana o fundamento de validade das normas jurídicas produzidas por todas elas. De forma que, a autonomia característica das entidades que compõem um Estado federativo é uma capacidade limitada e, nisso, se distingue da soberania.

Diga-se, aliás, a esse respeito que, nos Estados adequadamente qualificados como federais, nenhuma das entidades federativas é soberana: soberano é a totalidade, o Estado federal.

Nesse sentido, as seguintes palavras de José Afonso da Silva: "No Estado Federal há que distinguir *soberania* e *autonomia* e seus respectivos titulares. Houve muita discussão sobre a natureza jurídica do Estado Federal, mas, hoje, já está definido que o Estado Federal, o todo, como pessoa reconhecida pelo Direito internacional, é o único titular da soberania, considerada *poder supremo consistente na capacidade de auto-determinação*. Os Estados federados são titulares tão-só de autonomia, compreendida como *governo próprio dentro do círculo de competências traçadas pela Constituição Federal*."[6]

1.3 Terceiro critério: integração em um mesmo território

Tais considerações antecipam o que constitui o terceiro critério para adequada utilização do vocábulo *federação*: as entidades que compõem um Estado adequadamente qualificado como federal, apesar de autônomas nas respectivas bases territoriais, estão *integradas em um mesmo território*, correspondente a um só Estado.[7]

Confira-se, nesse sentido, o que diz Tércio Sampaio Ferraz: "O pressuposto dogmático da unidade da ordem jurídica federal significa que seu fundamento de validade é um único: a norma vinculante estatuída pelo poder constituinte originário, que num certo sentido, corresponde à Constituição Federal mas que, a bem da verdade, é mais do que ela, pois abarca também

---

6. *Curso de Direito Constitucional Positivo*, p. 100.
7. *Território*, no sentido de âmbito espacial de validade de um determinado ordenamento jurídico, que corresponde ao espaço ocupado pela respectiva comunidade jurídica.

as projeções constitucionais sobre os Estados-membros e, afinal, os sistemas normativos que os instauram. A ordem jurídica de um Estado Federal é, pois uma ordem integrante e isto a separa tanto dos Estados unitários quanto dos Estados Confederados."[8]

A integração dessas entidades em um só Estado impõe-lhes alguns limites para a convivência equilibrada das ordens jurídicas que produzem e as sujeita a padrões de uniformidade e igualdade, sem a observação dos quais não poderiam ser consideradas partes integrantes de um mesmo Estado.

A observação desses limites de convivência e a sujeição a padrões de uniformidade e igualdade delineiam a real dimensão do campo autônomo das entidades federativas. Por isso se dizer que os Estados adequadamente qualificados como federais se equilibram sobre forças antagônicas: *autonomia* e *integração*.

Assim como os poderes que compõem o campo autônomo das entidades federativas, esses limites de convivência e padrões de uniformidade e igualdade decorrem, por óbvio, de comando constitucional, seja diretamente, por força da própria norma constitucional, seja indiretamente, por força de norma infraconstitucional emanada com base em competência outorgada pela constituição.

O certo é que, conquanto a quantidade e intensidade desses limites e padrões variem de acordo com o perfil material de cada federação, não há integração ao todo sem que haja limites para a convivência equilibrada das partes e sem o mínimo de uniformidade que lhes confira alguma identificação com o todo.

Nos Estados adequadamente qualificados como *federais*, os limites de convivência entre as entidades federativas e as ordens jurídicas por elas produzidas são, pelo menos, dois: o primeiro é de ordem territorial, pois que cada entidade federativa exerce poder político em uma determinada base territorial; e o segundo, mais complexo, decorre de que uma delas produz normas jurídicas válidas em todo território nacional, razão pela qual é necessário disciplinar a convivência, em um mesmo território, de normas *centrais*, válidas para todo o território, e normas *parciais*, válidas para parcelas desse território.

Acerca da convivência entre normas centrais e parciais em um mesmo território, confira-se o que diz Hans Kelsen na passagem abaixo reproduzida: "A ordem jurídica de um Estado federal compõe-se de normas centrais válidas para o seu território inteiro e de normas locais válidas apenas para porções desse território, para os territórios dos 'Estados componentes (ou mem-

---

8. "Princípios condicionantes do Poder Constituinte...", cit., p. 35.

bros)'. As normas gerais centrais, as 'leis federais', são criadas por um órgão legislativo central, a legislatura da 'federação', enquanto as normas gerais locais são criadas por órgãos legislativos locais, as legislaturas dos Estados componentes. *Isso pressupõe que, no Estado federal, a esfera material de validade da ordem jurídica, ou, em outras palavras, a competência legislativa do Estado, está dividida entre uma autoridade central e várias autoridades locais*" (destaques nossos).[9]

E, prossegue o Autor citado, destacando a posição ocupada pelas ordens jurídicas formadas por essas normas centrais e parciais no todo: "As normas centrais formam uma ordem jurídica central por meio da qual é constituída uma comunidade jurídica central parcial que abarca todos os indivíduos residentes dentro do Estado federal. Essa comunidade parcial constituída pela ordem jurídica total do Estado é a 'federação'. Ela é parte do Estado federal total, assim como a ordem jurídica central é parte da ordem jurídica total do Estado federal. As normas locais, válidas apenas para partes definidas do território inteiro formam ordens jurídicas locais por meio das quais são constituídas comunidades jurídicas parciais. Cada comunidade jurídica parcial abrange os indivíduos residentes dentro de um desses territórios parciais. Essas unidades jurídicas parciais são os 'Estados componentes'. Desse modo, cada indivíduo pertence, simultaneamente, a um Estado componente e à federação. O Estado federal, a comunidade jurídica total, consiste, assim, na federação, uma comunidade jurídica central, e nos Estados componentes, várias comunidades jurídicas locais. A teoria tradicional identifica, erroneamente, a federação com o Estado Federal total".[10]

Ressalte-se que, nos Estados adequadamente qualificados de *federais*, a incidência das normas centrais sobre os territórios parciais é direta, ou seja, independe de autorização ou intermediação das entidades parciais para que produzam efeitos jurídicos, circunstância que representa uma diferença entre esses Estados e os integrantes de uma *confederação*, conforme observa, novamente, Hans Kelsen:

"E o fato de que as normas centrais, as leis federais, obrigam e autorizam indivíduos diretamente, sem qualquer mediação de normas locais, de leis dos Estados componentes, é uma característica do Estado Federal.

"Nesse aspecto, ele se diferencia de modo especialmente notável da confederação internacional de Estados. As normas centrais da ordem jurídica que constitui a confederação obrigam e autorizam diretamente apenas os Estados, os indivíduos são afetados apenas indiretamente pela mediação das ordens jurídicas dos Estados aos quais pertencem".[11]

---

9. *Teoria Geral do Direito e do Estado*, pp. 451-452.
10. *Teoria Geral do Direito e do Estado*, p. 452.
11. *Teoria Geral do Direito e do Estado*, p. 459.

Não se poderia falar, aliás, em *autonomia* dessa entidade central, caso as normas jurídicas por ela produzidas necessitassem de aprovação ou ratificação das entidades parciais para serem aplicadas.

Incumbida da representação do todo, tanto externa quanto internamente, é essa entidade central quem produz as normas infraconstitucionais impositivas de padrões de uniformidade e igualdade, a serem observados pelas demais entidades federativas, conforme referido acima.

Acerca da sujeição dos ordenamentos parciais que compõem o ordenamento total de um Estado federal a normas que impõem padrões de homogeneidade, veja-se o que diz Raul Machado Horta: "A precedência lógico-jurídica do constituinte federal na organização originária da federação, torna a Constituição Federal a sede de normas centrais, que vão conferir homogeneidade aos ordenamentos parciais constitutivos do Estado Federal, seja no plano constitucional, no domínio das Constituições Estaduais, seja na área subordinada da legislação ordinária".[12]

É claro, repita-se, que a outorga da competência para produção dessas normas nacionais, que se aplicam não só aos cidadãos, mas também às próprias entidades parciais, deriva sempre da Constituição, pois, a circunstância de caber a essa entidade central a representação do todo não a reveste de condição jurídica distinta das demais, já que, como as demais, é dotada de autonomia, mas subordinada à Constituição.

Bem de se ver, pelo exposto, que a forma federativa de Estado se estrutura sobre um delicado equilíbrio entre integração e autonomia, a convivência de padrões nacionais de uniformidade e igualdade com o atendimento e desenvolvimento das peculiaridades regionais e locais.

De tal modo, apresentado o núcleo mínimo de significado atrelado ao vocábulo *federação*, por aqueles que dele fazem uso, cumpre-nos observar a advertência de Lúcia Valle Figueiredo: "Impende assinalar que a federação, apesar de ter, pelo menos, conteúdo mínimo para assim se poder chamar, deverá ser analisada precipuamente a lume da Constituição vigente. (...)".[13]

Passemos, então, à investigação da forma específica pela qual as normas jurídicas que consubstanciam o modelo federativo brasileiro incorporaram esses critérios, bem como as demais características que determinam o modo de ser e a finalidade do modelo adotado, de onde serão extraídas as *diretrizes de sentido* que compõe o conteúdo jurídico do princípio federativo, o qual nos propusemos a identificar.

12. "Poder Constituinte do Estado-Membro", *RDP* 88/7.
13. "Competências administrativas dos Estados e Municípios", *RDA* 207/2.

2. As diretrizes de sentido componentes do conteúdo jurídico do princípio federativo

Conforme veremos, as normas jurídicas que compõem a forma de organização político-administrativa do Estado brasileiro incorporam todos os critérios que tornam apropriada a utilização do vocábulo *federação* para qualificar a forma de organização adotada por nossa Constituição: o poder político é *descentralizado* entre entidades de base territorial distintas (União, Estados, Distrito Federal e Municípios), dotadas de *autonomia recíproca*, e *integradas em um território único*, que corresponde a *um só Estado*, a República Federativa do Brasil.

Como dito, o poder político no Brasil é descentralizado entre União (art. 18 da CF), Estados, Municípios e Distrito Federal (arts. 1º e 18 da CF). Essa *composição tripartida* da federação brasileira (situando-se o Distrito Federal ao lado dos Estados) apresenta uma peculiaridade federativa, sem paralelo em nenhum outro Estado do mundo, que é a inclusão dos Municípios entre as entidades autônomas detentoras da capacidade de exercer poder político.

Essa característica peculiar da federação brasileira foi definitivamente introduzida pela Constituição vigente, conforme assinala Paulo Bonavides: "Faz-se mister assinalar desse modo o significado decisivo, inédito e inovador que assume o art. 18 da Constituição vigente. Esse artigo inseriu o município na organização político-administrativa da República Federativa do Brasil, fazendo com que ele, ao lado do Distrito Federal, viesse a formar aquela terceira esfera de autonomia, cuja presença, nos termos em que situou, altera radicalmente a tradição dual do federalismo brasileiro, acrescido agora de nova dimensão básica".[14]

Embora discordemos do Autor citado no que toca à posição federativa do Distrito Federal ao lado dos Municípios, pois, em nossa opinião, a sistemática constitucional atual aproxima essa figura, um tanto mista (art. 32, *caput* e § 1º, da CF), mais dos Estados que dos Municípios (cf. arts. 32, *caput*, §§ 2º e 3º; 34; 155; 157; 159, I; 211, § 3º; 218, § 5º, entre outros), concordamos integralmente no que se refere à condição de ente federativo do Distrito Federal, mesmo considerando-se o que dispõe o art. 21, XIII, XIV e XVII, e, especialmente, concordamos com a decisiva inclusão dos Municípios na federação brasileira e com a opinião de que essa composição *tripartida* da federação brasileira lhe confere características estruturais distintas das que se encontram nas tradicionais federações dualistas.

14. *Curso de Direito Constitucional*, p. 345.

Sobretudo antes de serem expressamente incluídos entre os entes federativos, muito se discutiu acerca da condição jurídica dos Municípios na organização política brasileira, defendendo alguns que, embora exercessem poder político, não deveriam ser qualificados como tais.

O principal argumento era o de que os Municípios não possuíam, como até hoje não possuem, representação nos órgãos legislativos federais,[15] com o resultado de que estariam excluídos do exercício da soberania.

Com efeito, não se pode deixar de reconhecer que a circunstância de não possuírem representação nos órgãos legislativos federais impossibilita a participação institucional dos Municípios nas decisões externas, bem como nos processos de emenda à Constituição, o que não ocorreria com os Estados, em razão de estarem representados no Senado Federal.

Contudo, a representação institucional dos Estados nos órgãos legislativos federais não os torna *ipso facto* entidades exercentes da soberania, mesmo porque a participação da União e dos Estados nos processos políticos mencionados no parágrafo acima, tanto externos quanto internos, não constitui propriamente exercício da *soberania*, já que seu poder permanece subjugado aos limites traçados pelo poder constituinte originário.

No que se refere à fonte soberana de poder no Brasil, adotou-se em nosso País o mesmo sistema adotado pela Argentina, que Augustín Gordillo denomina de "sistema da soberania exclusiva do povo" e ao qual se refere na passagem abaixo reproduzida: "A convenção Constituinte não é um órgão do Estado, mas representa diretamente o povo; por isso cabe afirmar neste caso que a Constituição é imposta pelo povo ao Estado. O Estado nasce da Constituição, com os caracteres e atribuições que esta lhe fixa; o Estado está, pois, dentro da Constituição e esta não é um produto dele, mas ele é produto dela. Este é, em sentido jurídico formal, um dos principais elementos que tipificam um Estado de Direito: a submissão de toda organização estatal a um regime jurídico preestabelecido".[16]

Com relação ao fato de a participação direta dos entes federativos nos órgãos legislativos federais ser uma característica federativa *essencial*, já dissemos, no final do Capítulo 1, que não acreditamos em características *essenciais* às realidades jurídicas, no sentido de que seriam independentes das normas jurídicas que configuram essas realidades no tempo e no espaço.

A fragilidade dessas características *essenciais* pode ser demonstrada quando, por obra dos homens, deixam de fazer parte da realidade em que

---

15. Circunstância que decorre, antes de mais nada, de uma impossibilidade prática, já que, segundo dados atuais do IBGE, o Brasil possui 5.509 Municípios.
16. *Princípios Gerais de Direito Público*, p. 59.

estavam inseridas, sem que isso importe em alteração radical dessa realidade, conforme se pode verificar do exemplo que nos traz Carmem Lúcia Antunes Rocha: "A existência do bicameralismo como elemento imprescindível para a existência e caracterização da opção constitucional federal vem sendo questionada atualmente. Alguns Estados federais, como a Áustria, na Constituição de 1920, deixaram de adotar o bicameralismo sem comprometimento das instituições políticas federais. Estados unitários adotam o bicameralismo em outras condições e por razões políticas e histórico-culturais diversas e nem por isso se federalizam pela existência do Senado."[17]

Assim, a questão de os Municípios serem ou não entidades adequadamente qualificadas como *federativas* no sistema jurídico brasileiro se resolve com a observação de que a Constituição da República Federativa do Brasil adotou como critério para essa qualificação tão-somente o exercício de poder político autônomo, o que, aliás, é compatível e se enquadra dentro daquele conteúdo mínimo de significado à que aludimos no item 1 desse capítulo.

Desse modo, conquanto seja um exemplo revelador da *assimetria* que caracteriza materialmente a federação brasileira,[18] a não-participação dos Municípios nos órgãos legislativos federais não lhes retira a condição de ente federativo, uma vez que outro foi o critério adotado por nossa Constituição para assim qualificá-los.

De resto, concordamos com a denuncia feita por Adilson Dallari: "Na constituição anterior o Município não figurava expressamente entre os integrantes da Federação; havia alguma discussão acadêmica sobre se o Município integrava ou não integrava a Federação, porque o modelo de Federação não comportava a presença do Município. Ora, o modelo que não comportava era o modelo americano, o modelo norte-americano, dos Estados Unidos (...)".[19]

---

17. *República e Federação no Brasil*, p. 193.
18. O modelo federativo brasileiro não contemplou o princípio que a doutrina alemã denomina de *princípio da homogeneidade*. Além da não-participação dos Municípios nos órgãos legislativos da federação, a inexistência de poderes judiciários municipais também é outra demonstração da distribuição assimétrica do federalismo brasileiro. Em nossa federação, tal assimetria é compensada pela rigidez da Constituição que tratou com especial cuidado das garantias municipais: a autonomia municipal figura entre os denominados *princípios sensíveis* da Constituição (art. 34, VII, "c"), ao lado dos princípios relacionados à forma republicana, sistema representativo e regime democrático e direitos da pessoa humana; as competências municipais foram atribuídas mediante a indicação de um conceito que remete à razão de ser dos Municípios dentro da organização político-administrativa brasileira, vedando-se a atribuição de competências relacionadas ao interesse local a qualquer outra entidade federativa.
19. "Autonomia municipal na Constituição de 1988", *RDP* 97/232.

E, quanto a que os Municípios sejam entidades exercentes de poder político autônomo, não divergem os Autores.

Com efeito, toda organização político-administrativa do Estado brasileiro está estruturada com base nessa composição tripartida, da qual, sem sombra de dúvida, os Municípios fazem parte: as competências legislativas, administrativas e tributárias, bem como as receitas dessas últimas decorrentes, são partilhadas entre União, Estados, Distrito Federal *e Municípios*, sendo que, para o exercício dessas competências, possuem *todos* estruturas política e administrativa próprias e auto-organizadas, inclusive no que se refere à eleição dos representantes políticos na base territorial correspondente.

Essa descentralização constitucional tripartida do poder político no Brasil é, portanto, uma das diretrizes componentes do conteúdo jurídico do princípio federativo, a primeira diretriz, na ordem de exposição.

A particularização dessa diretriz no sistema jurídico, assim como de outras diretrizes que compõem o conteúdo jurídico do princípio federativo, quais sejam, a *autonomia recíproca*, o *equilíbrio federativo*, a *integração nacional* e a *cooperação*, encontra-se em várias regras constitucionais, mas, sobretudo, nas regras referentes à partilha constitucional das competências.

Não é outra a razão pela qual se atribui tamanha importância ao estudo dessas regras de partilha de competências, conforme refere Raul Machado Horta: "Por isso, a repartição de competências é tema central da organização federal. Na avaliação dos publicistas que lidam diuturnamente com o tema, ora a repartição é qualificada de 'la grande affaire du fédéralisme', ora de 'key to the interfederal power structure', evidenciando a essencialidade da repartição de competência e a razão de sua localização direta no documento constitucional, como parte ineliminável da Constituição Federal material".[20]

Com efeito, é da partilha constitucional de competências que resulta a delimitação dos campos de atuação próprios de cada entidade federativa, com o que se tem, por um lado, a identificação de seu campo de *autonomia* e, por outro, o estabelecimento de limites que propiciam a convivência *equilibrada* das ordens jurídicas produzidas por essas entidades, assim como é dela também que se extrai outras peculiaridades que singularizam os distintos modelos federativos.

Confira-se o que a esse respeito diz Carmem Lúcia Antunes Rocha: "Nos sistemas constitucionais que adotam a forma federativa de Estado, *a repartição de competências entre as entidades que o compõem adquire relevo fundamental, por ser o elemento identificador da autonomia de cada qual e o que torna eficiente o sistema de ordens jurídicas coordenadas e*

20. "Repartição de competências...", cit., p. 55.

harmoniosas, conquanto diversas numa unidade, incidindo sobre o mesmo território e submetendo o mesmo povo" (destaques nossos).[21]

Cumpre-nos, portanto, dedicar algumas palavras à partilha constitucional de competências entre as entidades federativas brasileiras, especialmente para o fim de destacar como as diretrizes que compõem o conteúdo jurídico do princípio federativo foram nela desdobradas e implementadas.

Pois bem. A Constituição atribui às entidades federativas *competências administrativas e legislativas privativas* (União: arts. 21, exceto o inc. XX; e 22, exceto os incs. XXI, XXIV, XXVII; 163; 177 e 184; Estados: art. 25, *caput*, §§ 1º, 2º e 3º; DF: art. 32, § 1º; Municípios: arts. 29, *caput*; 30; 39; 144, § 8º e 182), *competências legislativas concorrentes* (arts. 21, XX; 22, XXI, XXIV, XXVII; 24 e 30, II) e *competências administrativas comuns* (arts. 23, 180; 200; 203; 211; 216, § 1º; 217; 218; 225; 226; 227 e 230).

As competências privativas e concorrentes são repartidas entre as entidades federativas, enquanto que as competências comuns são exercidas conjuntamente e em regime de colaboração.

Dentre as *competências constitucionais privativas* atribuídas aos Estados, Distrito Federal e Municípios, merecem ser destacadas, em primeiro lugar, as referentes à *capacidade de auto-organização tanto política quanto administrativa*, porquanto lhes proporcionam meios para que possam desempenhar as demais competências.

Essa capacidade de auto-organização (Estados: arts. 25, *caput*; 125 e art. 128, § 5º; Municípios: art. 29, *caput*; DF: art. 32 *caput*, salvo a restrição feita pelo art. 21, XIII, XIV e XVII) é exercida por órgãos políticos próprios, cujos integrantes são eleitos diretamente pelos cidadãos da respectiva base territorial, os quais elaboram não só as leis ordinárias necessárias à organização política e administrativa, como também as Constituições, que regem os Estados e Distrito Federal, e, as Leis Orgânicas, que regem os Municípios.

E, para que possam desempenhar as competências que lhes foram assinaladas, cada entidade federativa possui um corpo administrativo próprio e também bens e receitas próprias.

O corpo administrativo de cada qual é composto por servidores que se subordinam diretamente aos chefes dos respectivos órgãos executivos e por pessoas físicas ou jurídicas a quem são delegadas determinadas atividades administrativas. Por meio de seu corpo administrativo, cada entidade deverá prestar os serviços públicos cuja competência lhe foi atribuída, arrecadar seus próprios tributos, gerir seus próprios bens e recursos, e exercer as demais tarefas administrativas que sejam de sua competência.

---

21. *República e Federação no Brasil*, p. 182.

As receitas para que essas entidades possam desempenhar as competências que lhes foram assinaladas decorrem de competências tributárias próprias e de repasses automáticos (União: arts. 145, II e II; 148; 149, *caput*; 153 e 154; Estados e DF: arts. 145, II e II; 149, § 1º; 155; 157, II; art. 159, I, "a" e II; Municípios: arts. 145, II e II; 156; 158, II, III, IV; 159, I, "b" e § 3º).

Há também repasses que são feitos discricionariamente pela União, cujo controle é fundamental para manutenção do equilíbrio entre as entidades federativas.

Os bens dessas entidades também são próprios e autogeridos (União: art. 20 e 176; Estados: art. 26 e os que atualmente lhe pertencem e os que lhe vierem a ser atribuídos ou adquiridos, para desempenho de suas competências; Municípios e DF: embora a Constituição nada mencione com relação aos bens das entidades pertinentes a essas duas esferas, são os que atualmente lhe pertencem e os que lhe vierem a ser atribuídos ou adquiridos, para desempenho de suas competências), bem como são dotadas da capacidade de desapropriar os bens necessários ao desempenho de suas competências administrativas (arts. 5º, XXIV; 182 e 184).

As demais *competências privativas* foram repartidas entre as entidades federativas, de acordo com a matéria sobre a qual recaem, buscando-se a uniformidade e igualdade nacional, em relação às matérias cuja competência foi atribuída à União, e o pleno atendimento e desenvolvimento das peculiaridades regionais e locais, em relação às matérias cuja competência foi atribuída aos Estados e Municípios.

Nesse sentido, foram constitucionalmente qualificadas como de *interesse nacional*[22] as matérias com relação às quais se deseja uniformidade e igualdade, em âmbito nacional, e, portanto, a competência a elas relativas foi atribuída à União.

Quanto à qualificação jurídica de matérias como de *interesse regional e local*, embora existam algumas matérias que tenham sido assim qualificadas pela própria Constituição (respectivamente, arts. 25, *caput* e §§ 1º, 2º e 3º; 30, *caput*; 39; 144, § 8º e 182), a especificação das matérias que compõem o campo residual de competências dos Estados e das que compõem o campo local dos Municípios será estabelecida nas respectivas leis, já que tanto não fez a Constituição, respeitando-se, é claro, os parâmetros nela estabelecidos.

---

22. A qualificação de um determinado interesse como de abrangência nacional, regional ou local advirá sempre da lei, porquanto, para que sejam produzidos os efeitos de Direito, não basta que um determinado interesse seja considerado nacional, regional ou local pela sociedade em geral ou pelos operadores do Direito em específico: é necessário que seja assim qualificada por força de lei.

Portanto, não poderão ser qualificadas como de privativo *interesse regional ou local* as matérias cuja competência privativa ou concorrente tenha sido atribuída à União e que são, portanto, de *interesse nacional*.

Não poderão ser qualificadas como de privativo *interesse regional* as matérias cuja competência tenha sido atribuída pela Constituição aos Municípios, bem como aquelas cujo tratamento mereça um grau de detalhamento que as qualifique, em virtude da configuração do conceito indicado no art. 30, I e V, como de *interesse local*.

Não poderão ser qualificadas como de privativo *interesse local*, as matérias cuja competência concorrente tenha sido atribuída aos Estados, bem como aquelas que mereçam tratamento articulado entre Municípios e que, portanto, transcendam o interesse meramente local.

Além desse critério, a forma pela qual as competências foram atribuídas às entidades oferece também um parâmetro útil para a resolução de problemas jurídicos relativos à confusão e invasão desses campos privativos e, portanto, importantíssimo para o fim de identificar a *autonomia* de cada entidade e os limites necessários para que cada uma delas possa desenvolver as competências que lhes foram assinaladas com *equilíbrio*.

Salvo no que se refere às competências de auto-organização e às competências tributárias, a forma de atribuição das demais competências privativas é a seguinte: as da União foram atribuídas de forma *expressa* e estão *enumeradas* no arts. 21, I à XIX e XXII à XXV; 22, I à XX, XXII e XXII, XXV, XXVI, XXVIII, XXIX, e nos arts. 163, 177, 184; as dos Estados são *residuais*, com relação às da União e dos Municípios (art. 25, § 1º), exceto as expressas no art. 25, §§ 2º e 3º; as do Distrito Federal são as mesmas atribuídas aos Estados e Municípios (art. 32, § 1º), salvo as mencionadas no art. 21, XIII, XIV e XVII, que ficaram a cargo da União; e as dos Municípios, além das *expressas* nos incisos IV, V, VII, IX do art. 30 e nos arts. 39, 144, § 8º e 182, as que se definem mediante a configuração do *critério do interesse local*, indicado nos incisos I e V do art. 30.

Resulta dessa forma utilizada para repartir competências privativas entre os entes federativos que as competências atribuídas à União constituem uma *lista taxativa*, pois, se assim não fosse, e, conseqüentemente, pudesse ela, por meio das leis que ordinariamente produz, ampliar seu campo de atuação, estar-se-ia, com isso, admitindo que por meio dessas leis fosse invadido o campo residual dos Estados, pois lhes remanesceria cada vez menos competências, o que não seria compatível com a *autonomia recíproca* e o *equilíbrio federativo*.

Dessa forma, a atribuição de novas competências à União só poderá ser feita por meio de emenda constitucional, e, ainda assim, não poderá ser de monta a esvaziar completamente o campo residual dos Estados, nem invadir a competência local dos Municípios, sob pena de que percam a razão de ser.

Tal conclusão decorre não só da interpretação lógica da forma pela qual as competências privativas foram repartidas, mas também de expressa disposição constante do art. 25, § 1º, por força do qual são reservadas aos Estados as competências que não lhes sejam vedadas *por esta Constituição*, e não pelas leis infraconstitucionais produzidas pela União.

No que se refere às *competências legislativas concorrentes*, o critério de repartição é o da intensidade de disciplina das matérias sobre as quais essas competências recaem.

Ao contrário do que ocorre no âmbito das competências privativas, a razão determinante dessas competências é que os Estados e Municípios não legislem plenamente sobre elas, mas se submetam a normas gerais de âmbito nacional, o que constitui reflexo da implementação da diretriz da *integração nacional*, que impõe às entidades federativas a submissão a padrões nacionais de homogeneidade.

Apenas a União, como lembra Carlos Ari Sundfeld, possui competência plena com relação a essas matérias, pois, além das normas gerais nacionais, edita também as normas de âmbito federal que lhe são aplicáveis.[23]

O bem jurídico tutelado com a existência dessas competências concorrentes é aquele indicado por Lúcia Valle Figueiredo, na passagem abaixo transcrita: "(...) gostaríamos de enfatizar que a *norma geral, se corretamente dentro de seu campo de abrangência*, ao contrário do que se pode dizer em matéria de invasão das competências federativas, *é, sobretudo, fator de segurança e certeza jurídicas, portanto, tendem a igualdade e certeza da aplicação uniforme de dados princípios.*"[24]

Citando Tércio Sampaio Ferraz, a Autora destaca que a importância dessas normas gerais ganha relevo sobretudo se considerada a multiplicidade de Municípios e Estados que compõem a realidade federativa brasileira.

A preservação do campo autônomo de atuação dos Estados no âmbito das competências legislativas concorrentes depende do efetivo exercício dessas competências por parte das entidades federativas, bem como do adensamento jurídico do conceito de normas gerais, em abstrato, e da identificação das normas gerais nas leis, em concreto, do que é exemplo o trabalho de Alice Gonzales Borges.[25]

23. "Sistema constitucional das competências", RTDP 1/277
24. "Competências administrativas...", cit., p. 11.
25. "Aplicabilidade de normas gerais de Lei Federal nos Estados", publicado na RDA 194/97.

No âmbito das competências legislativas concorrentes cabe à União editar tão-somente normas gerais, sendo, ainda, de se ressaltar uma diferença quanto à competência da União para editá-las sobre as matérias referidas nos arts. 21, XX, e 22, XXI, XXIV, XXVII, e sobre as referidas no art. 24.

No que se refere às matérias referidas acima em primeiro lugar, a competência da União, para editar normas gerais, é privativa, diferentemente, no que se refere às matérias referidas em segundo lugar, as normas gerais que edita devem ser suplementadas pelos Estados.

Acatamos, com relação a esse aspecto, o seguinte entendimento de Lúcia Valle Figueiredo: "A Constituição admite expressamente, vez que 'a competência da União não exclui a competência suplementar dos Estados', que estes legislem também sobre normas gerais, suplementarmente".[26]

Com efeito, essa nos parece ser a melhor interpretação que se pode extrair dos arts. 21, XX; 22, XXI, XXIV, XXVII; 24, § 1º e 30, II, pois se cabe ao município suplementar a legislação federal e estadual, no que couber (art. 30, II), até porque a União e os Estados não poderão, nunca, legislar sobre interesse local (art. 30, I), a suplementação, à qual se refere o art. 30, II, é qualitativamente distinta da que se refere o art. 24, § 1º.

A competência suplementar que cabe apenas aos Estados, não aos Municípios, refere-se às normas gerais (art. 24, § 1º); a competência suplementar que cabe também aos Municípios refere-se às normas que especificam essas normas gerais, desde que, é claro, digam respeito ao interesse local.

Discordamos, portanto, nesse particular, do entendimento esposado por Carlos Ari Sundfeld,[27] segundo o qual a razão de estarem separadas em artigos distintos as competências referidas nos arts. 21, XX e 22, XXI, XXIV, XXVII, das mencionadas no art. 24, é a de que a competência suplementar dos Municípios só seria exercida com relação às matérias sobre as quais recaem as competências referidas nos arts. 21 e 22, já que não estão incluídas no *caput* do art. 24.

Mas, observando-se as matérias referidas nos incisos do art. 24, verifica-se que excluir a competência suplementar dos Municípios referente a algumas dessas matérias seria admitir que os Estados pudessem legislar sobre interesse local, o que é expressamente vedado pela Constituição.

Aliás, o próprio Autor admite que, com relação às competências que recaiam sobre atividades administrativas, mesmo as mencionadas no art. 24, os Municípios terão competência suplementar, embora não a tenham com relação às matérias referidas nos demais incisos do art. 24, dentre as quais

---

26. "Competências administrativas...", cit., p. 6.
27. "Sistema constitucional de competências", cit., p. 277.

menciona a relativa às juntas comerciais (III), custas dos serviços forenses (IV), juizado de pequenas causas (X) e polícia civil (XVI).

Para nós, a vedação de que os Municípios legislem sobre essas matérias decorre de que não são de abrangência local, pois, como expresso no art. 30, II, a competência suplementar dos Municípios deve ser exercida apenas *no que couber*, e só caberá quando a abrangência do interesse for local.

De forma que, sobre as matérias referidas nos arts. 21, XX e 22, XXI, XXIV, XXVII, caberá apenas à União editar normas gerais e, aos Estados e Municípios, as *normas suplementares que especifiquem essas normas gerais*. Com relação a elas, objetiva-se maior uniformidade do que com relação às matérias referidas no art. 24, sobre as quais caberá à União editar normas gerais de âmbito nacional, assim como caberá aos Estados editar *normas gerais suplementares* de âmbito regional, restando aos Municípios suplementar essas normas, no que se refere estritamente ao interesse local.[28]

É a positivação dessas regras atinentes às *competências legislativas privativas e concorrentes* que nos permite verificar como na República Federativa do Brasil se dá aquela convivência entre a *autonomia* e a *integração*, à qual nos referimos acima e que se configura nos Estados que, assim como o brasileiro, são adequadamente qualificados como *federais*.

Mas, para finalizar o quadro constitucional de partilha de competências, cumpre-nos ainda fazer menção às *competências administrativas comuns*, ressaltando-se que, diferentemente do que ocorre com as competências legislativas privativas e concorrentes, não há repartição, mas, ao contrário, há, com relação a essas competências, atribuição conjunta, para que a *cooperação* entre as entidades federativas propicie a redução das desigualdades regionais e sociais e o desenvolvimento e bem-estar equilibrados em todo o País.

Sendo de atribuição das três esferas, eventual insuficiência de uma delas deverá ser compensada pelas demais, pois o que importa, em matéria de competências administrativas comuns, é que as atividades a elas correspondentes sejam efetivamente desempenhadas, promovendo-se o bem comum.

Considerando-se que o número de contribuintes é proporcional à abrangência do território de cada entidade federativa e que não há na distribuição de competências tributárias promovida pela Constituição qualquer elemento que compense ou modifique o fato de que a entidade que possui maior abrangência territorial arrecadará mais recursos, conclui-se que even-

---

28. Trata-se de mais um reflexo da composição tripartida da federação brasileira: a integração é feita em mais de uma etapa de concretização das normas gerais, a União, em âmbito nacional, os Estados, em âmbito regional.

tual insuficiência advirá sempre das entidades de menor abrangência territorial e que o socorro deverá vir das de maior abrangência.

Por força das regras constitucionais atinentes às competências administrativas comuns, essa *função supletiva* cabe não só à União, com relação aos Estados e aos Municípios em geral, mas também aos Estados, com relação aos respectivos Municípios,[29] o que decorre não de uma supremacia jurídica existente entre eles, mas, do fato (exposto no parágrafo acima) de que a União arrecada mais que os Estados e, os Estados, mais que os respectivos Municípios.

Essa função supletiva pode ser realizada tanto de forma direta, com o que se terá mais de uma entidade federativa desempenhando a mesma atividade no mesmo território, quanto indireta, mediante auxílios técnico e financeiro, para que aquela atividade possa ser exercida por uma só entidade de forma satisfatória. O art. 211, §§ 1º e 4º oferece exemplos de regras expressas que determinam o exercício dessa função supletiva.

A resolução de eventuais conflitos entre as entidades federativas no exercício dessa competências comuns deve ser norteada pela razão determinante e a finalidade visada pela atribuição dessas competências: a *cooperação*, não a competição, para que sejam reduzidas as desigualdades regionais e sociais e promovido o desenvolvimento e bem-estar equilibrados em todo o País.

Cumprida, então, a tarefa de destacar o modo específico pelo qual essas cinco diretrizes de sentido que compõem o conteúdo jurídico do princípio federativo foram desdobradas e implementadas nas regras atinentes à partilha constitucional de competências entre as entidades federativas, cabe-nos, ainda, referir algumas outras regras constitucionais, cuja menção é necessária para que se possa entender essas diretrizes em sua precisa significação e compostura jurídica.

Pois bem. Além de se encontrar nas regras constitucionais de partilha de competências, a especificação da diretriz da *descentralização tripartida do poder político* no Brasil pode ser constatada também pela circunstância de que o papel de integração das partes componentes do Estado federal, que nos modelos de composição dual cabe apenas à entidade central, é desempenhado não só pela União, mas também, em escala regional, pelos Estados, conforme se tem do arts. 18, § 4º; 29, *caput*; 30, VI, VII, IX; 35; 158, III e IV e 159, II, § 3º.

Quanto à diretriz da *autonomia recíproca*, proclamada no *caput* do art. 18, seu desdobramento, além de se verificar nas regras constitucionais de

---

29. O desempenho dessa função supletiva também pelos Estados é outra decorrência da peculiar composição tripartida da federação brasileira.

partilha de competências, também pode ser conferido na regra da não-intervenção da União nos Estados, e, dos Estados nos Municípios (arts. 34 e 35, respectivamente), que constitui implementação dessa inviolabilidade das entidades no exercício de suas competências, a qual lhes confere a *direção própria daquilo que lhes é próprio*.

Embora a regra da não-intervenção comporte algumas exceções, inclusive para salvaguarda da própria forma federativa de Estado (art. 34, I, II, V, "b", e VII, "c"), a intervenção federal e estadual[30] possui caráter não só excepcional como sancionatório, além de estar sujeita ao procedimento e limites determinados no art. 36 da Constituição, longe, portanto, de constituir uma forma de controle cotidiano de uma entidade sobre a outra.[31]

Trata-se de um controle político, de índole constitucional, distinto do controle administrativo, conforme refere Celso Antônio Bandeira de Mello: "As descentralizações políticas, pelo contrário, são normalmente livres de controle administrativo, inexistindo quem as tutele. Submetem-se, no entanto, além do controle jurisdicional, a um controle político, de natureza constitucional, a fim de que permaneçam dentro de sua alçada, conforme o préfigurado na Constituição, de maneira a que seja mantido o equilíbrio estrutural previsto na Lei Magna e desempenhem com normalidade suas funções. A forma através da qual se concretiza este controle político sobre os Municípios brasileiros é sobretudo a intervenção estadual prevista no art. 16, em seu § 3º, letras 'a', 'b' e 'c'".[32]

Mas, antes de prosseguirmos na exposição acerca da diretriz da *autonomia recíproca* é necessário ressaltar que essa diretriz, assim como as demais que se seguem, não podem ser entendidas em sua real compostura se não cotejadas em seu conjunto, já que, nele, se interpenetram e se influenciam reciprocamente, razão pela qual, apenas após nos referirmos às outras diretrizes, completaremos nossas considerações.

A diretriz do *equilíbrio federativo*, além de estar desdobrada nas regras de partilha constitucional, as quais, como visto, não só designam as funções a serem desempenhadas pelas entidades federativas, como também estabelecem limites para que essas funções possam ser desempenhadas de forma equilibrada entre elas, está especificada também em outras regras constitucio-

---

30. Note-se que a previsão de intervenção estadual nos municípios é outra demonstração de que o papel de integração, que nas federações duais cabe apenas à União, em nossa federação tripartida é desempenhado também pelos Estados.
31. Com efeito, após a promulgação da Constituição vigente, a prática da intervenção no Brasil tem sido encarada como medida efetivamente excepcional, tanto pelos políticos quanto pelos membros do Judiciário.
32. *Natureza e Regime Jurídico das Autarquias*, p. 48.

nais, até porque as regras de repartição não são suficientes para evitar conflitos entre as entidades federativas.

Assim sendo, a diretriz do *equilíbrio federativo* demanda não só a positivação de regras que se destinem a evitar o surgimento de conflitos entre as entidades federativas, mas, também, regras que sejam capazes de oferecer critérios para a resolução equilibrada desses conflitos.

Entre as regras que se destinam a evitar o surgimento de conflitos entre as entidades federativas está a que veda a criação de preferências entre si (art. 19), inclusive mediante a instituição de tributos (arts. 151, I e 152), e a regra que institui a incorretamente denominada imunidade "tributária" recíproca (art. 150, VI, "a"), porquanto se refere apenas aos tributos vinculados, quais sejam, os impostos, e comporta, ainda, as exceções às quais aludem os §§ 2º e 3º do art. 150.

Entre as regras que se destinam a restaurar o equilíbrio, mediante a instituição de mecanismos para resolução de conflitos entre as entidades federativas, figuram as que sujeitam as entidades federativas a um controle político, exercido excepcionalmente pelas próprias entidades, por meio da intervenção federal e estadual (arts. 34 e 35), e exercido normalmente pelo Supremo Tribunal Federal, o qual detém a competência para julgar originariamente as causas e conflitos entre a União e os Estados, a União e o Distrito Federal, ou entre uns e outros (art. 101, I, "f").[33]

Quanto à diretriz da *cooperação*, que deve nortear as entidades federativas no exercício de suas competências administrativas comuns, foi desenvolvida também nas regras de redistribuição automática de recursos (arts. 159, I, "c"; 161 e 198, § 2º, II, respectivamente relativos ao Fundo de Desenvolvimento das Regiões Norte, Nordeste e Centro-Oeste; aos Fundos de Participação dos Estados e dos Municípios; e à transferência de recursos da União vinculados à saúde aos Estados, Distrito Federal e Municípios e dos Estados aos Municípios), na regra que autoriza a instituição de regiões metropolitanas pelos Estados (art. 25, § 3º), na regra que prevê a atuação da União em regiões administrativas formadas por um mesmo complexo geoeconômico e social visando ao seu desenvolvimento e à redução das desigualdades regionais (art. 43), na regra que autoriza a União a conceder incentivos fiscais, *desde que* destinados a promover o equilíbrio do desenvolvimento sócio-econômico entre as diferentes regiões do País (art. 151, I), e na regra que prevê a celebração de consórcios públicos e convênios de

---

33. A interpretação que o Supremo Tribunal Federal atribui ao alcance dessa regra é a de que cabe ao STF julgar originariamente apenas as causas e conflitos de cunho eminentemente político.

cooperação para gestão associada de serviços públicos (art. 241 das Disposições Constitucionais Gerais).

Quanto à diretriz da *integração nacional*, que submete as entidades federativas e as respectivas comunidades jurídicas a padrões nacionais de homogeneidade, desdobra-se não só nas regras constitucionais atinentes às competências da União, as quais prevêem a produção de regras infraconstitucionais de âmbito nacional, mas também nas regras referidas no próprio art. 18, *caput*, que, ao mesmo tempo em que proclama a autonomia, estabelece que deve ser ela exercida, *nos termos da Constituição Federal* e dos arts. 25, 29 e 32, que se referem à capacidade de auto-organização política dos Estados, Municípios e Distrito Federal, condicionando-a, contudo, à *observação dos princípios da Constituição Federal*.

Com efeito, apesar de ser autônomo o desempenho dessas competências legislativas e administrativas, a atuação das entidades federativas está condicionada por princípios e regras constitucionais, que não só delineiam os limites de seu campo de atuação, necessários para o equilíbrio federativo, como também estabelecem parâmetros de homogeneidade que devem ser observados, como decorrência de serem entidades autônomas, mas, pertencentes e integradas em um mesmo e só Estado.

Entre os inúmeros princípios e regras que representam esse traço de unidade no modelo federativo brasileiro, destacamos os seguintes: os Princípios Fundamentais do Estado brasileiro, referidos nos arts. 1º e 3º; 34, VII; 60, § 4º, I a IV; 170, *caput*; os Direitos e Garantias Fundamentais, referidos no Título II; os Princípios e Regras de Organização Comum,[34] dentre os quais mencionamos os Princípios da Administração Pública decorrentes do art. 37, os Princípios Gerais do Sistema Tributário Nacional decorrentes dos arts. 145 a 151, os Princípios Gerais da Atividade Econômica referidos nos incisos do art. 170; e demais regras constitucionais que impõem às entidades federativas a adoção de padrões de uniformidade, tais como as regras que estabelecem condições de elegibilidade dos exercentes do poder político, sua remuneração, vedações, garantias (arts. 14, §§ 3º a 8º; 27, 28 e 29; 32, §§ 2º e 3º); as regras sobre os servidores públicos (arts. 39 e 40); as regras sobre a composição do Poder Judiciário, remuneração, vedações e garantias de seus membros (arts. 94, 95, 96, 97); as regras sobre a composição dos Tribunais de Contas e seus membros (arts. 31, § 4º e 75); as regras constitucionais que atribuem competência privativa à União para legislar sobre direito eleitoral (art. 22, I,) e desapropriação (art. 22, II), e para editar regras gerais sobre a organização das polícias militares e corpos de bombeiros (art. 22,

---

34. Nomenclatura utilizada por Tércio Sampaio Ferraz, em "Princípios condicionantes do Poder Constituinte Estadual...", cit., p. 39.

XXI), licitação e contratos (art. 22, XXVII), orçamento (art. 24, II), juntas comerciais (art. 24, III), custas dos serviços forenses (art. 24, IV), proteção ao patrimônio histórico, cultural, artístico e paisagístico (art. 24, VII), criação e funcionamento do juizado de pequenas causas (art. 24, X), assistência jurídica e defensoria pública (art. 24, XIII), organização, garantias, direitos e deveres das polícias civis (art. 24, XVI), dentre outras.

Nota-se pelos exemplos acima referidos, que a autonomia das entidades federativas no sistema jurídico positivo brasileiro sofre grande influxo não só de princípios, mas também de regras constitucionais, assim como de normas de âmbito nacional produzidas com fundamento na Constituição.

Como são normas jurídicas que pertencem à Constituição da Federação, ou, que são editadas em razão dela, entende-se que essas normas estabelecem a circunscrição e efetiva compostura da autonomia das entidades federativas e não que imponham restrições à autonomia.

Confira-se, a propósito, a interpretação dada pelo Ministro Sepúlveda Pertence no julgamento da ADI 222, já referida: "Mas a autonomia das unidades parciais da Federação, que o art. 18, CF assegura, mais que sabidamente está adstrita, como é próprio da forma federativa de Estado, à observância dos princípios da Constituição total do Estado federal (arts. 25, 29 e 32), assim como das regras que nela se imponham à observação não apenas da União, mas também dos Estados, do Distrito Federal e dos Municípios".

Com efeito, se fosse realizado um estudo comparativo entre o modelo federativo brasileiro e os demais modelos federativos existentes que tivesse por objeto a avaliação da quantidade e importância das matérias cuja competência, privativa ou concorrente, foi atribuída à União, bem como a quantidade de normas que impõem padrões de homogeneidade, dele talvez se pudesse extrair a conclusão de que há um grau elevado de "centralização" na organização política brasileira, o que não seria de se estranhar, tendo em vista sua origem centrífuga e os longos anos de prática ditatorial.

Contudo, esse grau elevado de "centralização", que é uma característica inferida do conteúdo material das normas que compõem a federação brasileira, não compromete o caráter federal da forma de organização territorial do poder político eleita no Brasil, uma vez que tal poder é efetivamente *descentralizado* entre entidades de base territorial distintas (União, Estados, Distrito Federal e Municípios), dotadas de *autonomia recíproca*, e *integradas* em um território único, que corresponde a um só Estado: *a República Federativa do Brasil*.

Nesse sentido, confira-se o que diz Víctor Nunes Leal: "Mas o fato de ser mais ampla ou menos ampla a soma dos poderes privativos dos Estados não é o ponto vital de sistema federativo. As federações podem ser mais descentralizadas ou menos descentralizadas. O importante é que na esfera de competência privativa dos Estados (menos ou mais ampla) seja inviolável pelo poder legislativo da União. Quanto à maior ou menor extensão dos poderes exclusivos dos Estados particulares, hão de decidir as circunstâncias históricas e sociais de cada país que adote a forma federativa. Não se poderia pretender que no Brasil, onde partimos do unitarismo para o federalismo, ficassem os Estados com tão amplos poderes como na federação norte-americana, que proveio de uma confederação, representativa, em si mesma, de uma etapa centralizadora em confronto com a situação anterior".[35]

Diante disso, ao contrário do que levianamente se afirma, a federação brasileira não é uma ficção, ou, se assim se preferir, o é tanto quanto o próprio Direito: a Constituição a proclama, a constitui e modela seu funcionamento, cabendo aos que operam o Direito, reforçar-lhe a aplicação.

Por último em exposição, mas em lugar de primeira importância jurídica, cumpre referir que a sexta diretriz que compõe o conteúdo jurídico do princípio federativo está nos *fundamentos e objetivos do Estado brasileiro* (*arts. 1º e 3º*).

Com efeito, não se deve olvidar que todo esse modelo de organização territorial do poder político no Brasil está fundamentado na soberania popular, na cidadania e na dignidade da pessoa humana, os quais, espera-se, estejam melhor atendidos com a maior proximidade dos cidadãos de seus representantes políticos e agentes administrativos, aumentando-se a possibilidade de autogoverno, controle, universalização de acesso aos serviços públicos e adequação das decisões políticas e administrativas às peculiaridades locais e regionais; bem como nos valores sociais do trabalho e da livre iniciativa e no pluralismo político, que é estimulado pela convivência de orientações políticas diversas que, em geral, ocorre nos Estados federais.

E, também não se deve olvidar que, esse modelo se preordena, acima de tudo, à promoção do bem de todos, ao desenvolvimento nacional, à erradicação da pobreza e da marginalização, à redução das desigualdades sociais e regionais e à construção de uma sociedade livre, justa e solidária.

Assim, a título de conclusão desse capítulo, e considerando que, conforme dito, cada princípio aponta para um determinado sentido e contém a prescrição de que esse sentido seja obrigatoriamente seguido, podemos afirmar que: o princípio federativo prescreve que o poder político no Brasil é territorialmente descentralizado e titularizado pela União Federal, Estados, Distrito Federal e Municípios, entidades dotadas de autonomia recíproca, que exercem seus poderes-deveres (competências políticas e administrativas privativas, competências administrativas comuns e competências concorrentes) nas respectivas bases territoriais, de forma equilibrada e cooperativa, e

35. *Problemas de Direito Público*, p. 114.

de acordo com princípios e regras constitucionais, que lhes impõem padrões de homogeneidade. O exercício desse poder descentralizado possui como fundamentos a soberania popular, a cidadania, a dignidade da pessoa humana, os valores sociais do trabalho e da livre iniciativa e o pluralismo político e se destina a promover o bem de todos, a garantir o desenvolvimento nacional, a erradicação da pobreza e marginalização, a redução das desigualdades sociais e regionais e a promoção do bem de todos, para a construção de uma sociedade livre, justa e solidária.

Nenhuma norma jurídica referente à organização político-administrativa brasileira e às entidades que exercem o poder político estatal, inclusive aquelas que se destinam à resolução de conflitos entre elas, poderá desconsiderar o sentido indicado por essas diretrizes, sob pena de nulidade do ato jurídico que não as tenha considerado, ou que, tendo-as considerado, contrarie-lhes o sentido.

PARTE II
IDENTIFICAÇÃO DOS PROBLEMAS ACERCA DA DESAPROPRIAÇÃO DE BENS PÚBLICOS

Esta parte do trabalho destina-se à apresentação do que a legislação, a doutrina especializada em desapropriação e a jurisprudência brasileiras dizem a respeito do tema, para que possamos identificar os problemas a ele relacionados, bem como os aspectos jurídicos considerados para sua resolução.

Para tanto, foi elaborado um *panorama*, cujos dados foram organizados em ordem cronológica,[1] não só para que se possa demonstrar a evolução no tratamento do tema, e com isso contar um pouco de sua história, mas também para que possamos isolar esses dados de acordo com a época jurídica em que foram produzidos e avaliar o impacto que sofreram em razão de alterações legislativas importantes, tais como a edição do Decreto-lei n. 3.365/ 1941 e das Constituições de 1934, 1937, 1946, 1967 e 1988.

---

1. Com relação a decisões judiciais que se referem a um mesmo caso, optamos por fazer a descrição do conjunto, incluindo-as na ordem cronológica segundo a data da primeira decisão.

Capítulo 3
PANORAMA DE REFERÊNCIAS LEGISLATIVAS, DOUTRINÁRIAS E JURISPRUDENCIAIS ACERCA DA DESAPROPRIAÇÃO DE BENS PÚBLICOS

A legislação brasileira anterior ao Decreto-lei n. 3.365/1941 não tratava expressamente da desapropriação dos bens públicos. Havia, apenas, alguns dispositivos que se referiam à expropriabilidade de categorias específicas de bens públicos, do que é exemplo o art. 9º, § 4º, da Constituição Federal de 1891, que previa a possibilidade da União desapropriar linhas telegráficas interestaduais implantadas pelos Estados, e, também, o já citado art. 34 do Código de Águas, que se refere especificamente à desapropriação de águas públicas.

Mesmo assim, a doutrina e a jurisprudência brasileiras anteriores à edição do Decreto-lei n. 3.365/1941 já admitiam a possibilidade de exercício de poder expropriatório entre as entidades federativas, com notáveis discrepâncias de opinião acerca das condições a serem observadas para efetivação dessa espécie peculiar de desapropriação.

Carlos Augusto de Carvalho tratou da desapropriação de bens públicos no art. 842 de sua *Nova Consolidação das Leis Civis*, que é uma compilação não só da legislação civil vigente em 1899, mas também da doutrina e jurisprudência da época, abaixo transcrito:

"Art. 842. A União pode desapropriar a propriedade particular e a dos Estados e Municípios.

"§ Único. A desapropriação por utilidade pública municipal não poderá ser concedida quando estiver em opposição a desapropriação anteriormente decretada por utilidade publica federal."[1]

Além de admitir a possibilidade de exercício de poder expropriatório entre as entidades federativas, sem fazer qualquer distinção quanto à categoria do bem público atingido, o enunciado acima transcrito já fazia referência

---

1. Ob. cit., p. 253.

à observação de uma escala expropriatória descendente entre os entes federativos como condição para efetivação da desapropriação e como critério para resolução de problema relacionado à desapropriação simultânea de um mesmo bem por entidades federativas de distinto escalão.

Em 1910, Augusto Olympio Viveiros de Castro, no artigo intitulado "Desapropriação por utilidade pública segundo a doutrina e a legislação brasileira", também admitia a possibilidade de exercício de poder expropriatório entre as entidades federativas e expressava a opinião de que "os Estados podem desapropriar, por utilidade pública, os bens pertencentes à União, salvo se esta tiver necessidade desses bens para executar obras de utilidade pública".[2] O Autor ressalvava, contudo, que tal desapropriação só deveria recair sobre os *bens do domínio fiscal* da União, necessários à satisfação de uma utilidade pública dos Estados.[3]

Esse entendimento era sustentado pelo Autor com base em dois argumentos principais: o primeiro consistente em que o direito de desapropriar – tanto da União, quanto dos Estados – não sofreria outras restrições além das estabelecidas na Constituição, sendo que a Constituição de 1891 "não limita a faculdade dos Estados nesta matéria";[4] o segundo argumento era o de que os *bens públicos de domínio fiscal* estão sujeitos ao mesmo regime da propriedade particular e, portanto, também passíveis de serem desapropriados quando presente a *causa publicae utilitatis*, verdadeiro poder de desapropriação, conforme consta da passagem abaixo transcrita: "o sujeito não é senão motor desse poder. O elemento subjectivo não tem realmente a menor importancia; ainda que os trabalhos sejam directamente executados pelo Estado, a desapropriação não poderá realizar-se se não fôr possível provar a *publica utilitas*, a vantagem de todos".[5]

Contudo, em sua opinião, quando se configurasse litígio entre a União e determinado Estado sobre a desapropriação do mesmo objeto, hipótese denominada de desapropriação simultânea, a União teria preferência sobre os Estados.[6]

Solidônio Leite, em sua obra *Desapropriação por Utilidade Pública*, publicada em 1921, também admitia a possibilidade de exercício de poder expropriatório entre as entidades federativas,[7] embora não tenha feito refe-

2. *Revista de Direito*, vol. 18, p. 434.
3. O Autor analisa especificamente um caso concreto acerca da desapropriação pelo Estado do domínio útil da União sobre bem enfitêutico.
4. Ob. cit., p. 417.
5. Idem, p. 413.
6. Idem, p. 416.
7. Ob. cit., pp. 12-13.

rência às condições de exercício desse poder, nem tampouco do alcance objetivo dessa desapropriação.

Firmino Whitaker, na 2ª edição de sua obra *Desapropriação*, publicada em 1926, defendia a possibilidade de que quando necessário ao bem público *qualquer pessoa política* poderia desapropriar *bens do patrimônio individual* umas das outras,[8] conforme segue: "Si para o bem publico fôr preciso um imovel do patrimonio particular do Município, do Estado ou da União, a União, o Estado e o Município podem ser sujeitos passivos uns dos outros, porque o preceito constitucional não faz restrição quanto ao proprietario. A observancia do principio de hierarquia só prevalece quando simultaneamente taes entidades exercem o direito de desapropriar".[9]

Em sua opinião, apenas os bens públicos patrimoniais eram suscetíveis de desapropriação, pois, do contrário se instauraria um conflito entre dois interesses públicos, sendo que a desapropriação pressupõe conflito entre interesse público e privado.[10]

Somente para a resolução de conflitos decorrentes da desapropriação simultânea de um mesmo bem por entidades federativas distintas é que a preferência da União sobre os Estados e Municípios, e, dos Estados sobre os Municípios, serviria de critério para a resolução dos problemas relacionados ao tema.

Quanto à jurisprudência anterior à edição do Decreto-lei n. 3.365/1941, localizamos apenas uma decisão de 1934, em que o Pleno do Supremo Tribunal Federal, por unanimidade, julgou válida desapropriação decretada pelo Governo Federal e levada a efeito pela "São Paulo *Tramway Light and Power*", cujo objeto era a desapropriação dos terrenos necessários para o aproveitamento da força hidráulica do Rio Perequê e outros, dentre os quais se incluíam os terrenos marginais aos rios, que eram terras devolutas pertencentes ao Estado de São Paulo.[11]

Apesar de estar voltada precipuamente à resolução de problema relativo à exceção de incompetência que originou o agravo, a decisão fundamentou-se no entendimento de que os bens públicos patrimoniais eram suscetíveis de desapropriação, mas que, para tanto, deveria ser respeitada uma hierarquia existente entre as pessoas políticas: a União poderia desapropriar bens patrimoniais dos Estados ou dos Municípios e os Estados, bens de igual natureza dos Municípios.

8. Na 3ª edição dessa mesma obra, publicada posteriormente ao Decreto-lei n. 3.365/41, o Autor modifica esse posicionamento, conforme mencionamos mais adiante.
9. Na 2ª edição, p. 12.
10. Idem, pp. 19-20.
11. Ag Pet 6.046, j. 11.4.1934, Pleno do TJSP, rel. Min. Laudo de Camargo, *Archivo Judiciário*, vol. 31, pp. 454-455.

De se constatar, pelo exposto, que a possibilidade de exercício de poder expropriatório entre as entidades federativas era juridicamente admitida antes mesmo de estar expressamente prevista no § 2º do art. 2º do Decreto-lei n. 3.365/1941, conquanto – e nesse aspecto o pensamento jurídico da época também era unânime – sujeita a algumas condições ou critérios a serem observados, quais sejam, a categoria do bem atingido e a observação de uma escala expropriatória entre os entes federativos.

Ressalte-se, ainda, que o principal motivo apontado para a admissão da possibilidade de desapropriação de bens públicos era o de que a titularidade pública de um bem não deveria servir de óbice para a satisfação dos interesses públicos.

Quanto à escala expropriatória descendente entre União, Estado e Municípios, essa era considerada compatível com a "hierarquia federativa" inerente ao modelo federativo brasileiro, embora se deva registrar que esse aspecto da questão não mereceu exame mais aprofundado tanto pela doutrina quanto pela jurisprudência da época.

Com a edição do Decreto-lei n. 3.365/1941, doutrina e jurisprudência passaram a debater essas questões à luz do preceito estabelecido no art. 2º, § 2º,[12] discutindo-se acerca de sua interpretação e alcance: os bens do domínio das pessoas jurídicas de direito público a que se refere o § 2º são apenas os bens patrimoniais ou o dispositivo alcança todos os bens públicos? É possível a desapropriação de bens públicos no sentido inverso da escala estabelecido no § 2º?

Conforme se verá, logo após a edição desse Diploma legal, verifica-se uma tendência em alargar o campo objetivo da desapropriação dos bens públicos, o qual foi estendido aos denominados bens do *domínio público da administração*, não mais restrita, como se entendia antes do Decreto-lei n. 3.365/1941, apenas aos bens de *domínio privado*.

No que se refere à interpretação do art. 2º, § 2º, é célebre a discussão travada entre Eurico Sodré e Seabra Fagundes, que escreveram sobre o tema, respectivamente, em 1945 e em 1946, nas obras, *A Desapropriação* e *Da Desapropriação no Direito Brasileiro*.

Na opinião de Eurico Sodré, a autorização legislativa referida no § 2º do art. 2º do Decreto-lei n. 3.365/1941 permitiria a inversão da escala

---

12. Decreto-lei n. 3.365/1941: Art. 2º. Mediante declaração de utilidade pública, todos os bens poderão ser desapropriados, pela União, pelos Estados, Municípios, Distrito Federal e Territórios. (...) "§ 2º. *Os bens do domínio dos Estados, Municípios, Distrito Federal e Território poderão ser desapropriados pela União, e os dos Municípios pelos Estados, mas, em qualquer caso, ao ato deverá preceder autorização legislativa* (...)" (destaques nossos).

expropriatória "baseada na hierarquia administrativa decrescente",[13] desde que lei federal autorizasse a desapropriação de bem da União por parte dos Estados e Municípios, ou, lei estadual autorizasse a desapropriação de bem estadual pelos Municípios.

Eventuais conflitos decorrentes do cumprimento dessas leis autorizativas seriam resolvidos pelo Poder Judiciário, conforme admitia e previa o art. 107 da Constituição de 1946, com base no critério do "maior benefício coletivo".[14]

Rebatendo esses argumentos, Seabra Fagundes sustentava que o âmbito, as condições e a forma de expropriamento hão de ser os que a lei ordinária traçar e, essa, ao estabelecer a possibilidade de desapropriação dos bens estaduais e municipais pela União e dos bens municipais pelos Estados e calar quanto à possibilidade de desapropriação no sentido inverso, implicitamente a proibiu, até porque, na opinião desse Autor, tal desapropriação repugnaria a hierarquia política do regime.[15]

Quanto à possibilidade de litígio entre as pessoas políticas, expressamente admitida pela Constituição de 1946, não supõe, esse Autor, que as pessoas "menores" (Estados e Municípios) possam criar, por ato próprio, direitos subjetivos contra as "maiores", o que se daria caso se admitisse que Municípios e Estados pudessem declarar de utilidade pública bens pertencentes, respectivamente, aos Estados e à União. Em sua opinião, a escala expropriatória do art. 2º, § 2º, do Decreto-lei n. 3.365/1941, seria desdobramento do princípio decorrente da "supremacia política e administrativa da União sobre as unidades territoriais, em que se subdivide, e do Estado sôbre o Município".[16]

Apesar dessa divergência, os dois Autores tinham a mesma opinião quanto à amplitude objetiva dessa desapropriação, que poderia alcançar até mesmo os bens já destinados à satisfação de uma utilidade pública.

Para Eurico Sodré: "Se hoje, ninguém discute o fim social da propriedade privada, não se admite, nem por hipótese, a impossibilidade jurídica de utilizar, nesse mesmo fim, os bens públicos",[17] e, de acordo com Seabra Fagundes, "no direito brasileiro são inadmissíveis quaisquer restrições à expropriação dos bens públicos com base na sua natureza. A lei não criou restrição alguma ao autorizar a desapropriação deles, e, pelos seus termos am-

13. Ob. cit., p. 109.
14. Idem, p. 107.
15. Idem, pp. 82-83.
16. Idem, p. 81.
17. *A Desapropriação*, p. 107.

plos, se depreende derrogada a inalienabilidade em cada caso de utilidade da desapropriação".[18]

Após a edição do Decreto-lei n. 3.365/1941, na 3ª reedição de sua obra *Desapropriação*, Firmino Whitaker modificou seu anterior posicionamento, acima exposto, segundo o qual quando necessário ao bem público qualquer pessoa política poderia desapropriar bens do patrimônio individual umas das outras, porquanto, em sua opinião, o § 2º do art. 2º excluiu a possibilidade de que os Municípios possam desapropriar bens dos Estados e da União, e os Estados, da União, ainda que sejam de natureza patrimonial.[19]

Contudo, mesmo após a edição do Decreto-lei n. 3.365/1941, o Autor manteve a opinião, exposta acima, de que apenas os bens públicos patrimoniais eram suscetíveis de desapropriação.[20]

Em 1947, Ildefonso Mascarenhas da Silva, em sua obra *Desapropriação por Necessidade e Utilidade Pública*, posicionou-se no sentido de que a inversão da escala estabelecida no art. 2º, § 2º, do Decreto-lei n. 3.365/1941, afrontaria a hierarquia legal das leis no sistema federativo.[21]

Para esse Autor, todos os bens públicos seriam suscetíveis de desapropriação, uma vez que a inalienabilidade desses bens derivaria de sua destinação pública, a qual poderia ser alterada ou cessada por força do decreto da autoridade pública competente que declarar a prevalente utilidade pública desse bem. A prevalência, diz o Autor, será sempre da União com relação aos Estados e Municípios, e dos Estados com relação aos Municípios, independentemente de estarem ou não seus bens destinados ao uso público. Confira-se: "O fundamento da desapropriação é a necessidade pública, é a utilidade pública e é o interesse social, que prevalece contra o direito de propriedade privada, ou mesmo contra o bem público, pois a União pode expropriar propriedade do Estado e êsse ao do Município. Não é lícito, porém, ao Município desapropriar bem da União, por que o interêsse da União, bem como o seu Direito, é preponderante sobre as outras esferas da organização administrativa".[22]

O Autor também dá notícia de como a questão da expropriabilidade de bens públicos era tratada em outros países que adotaram o regime federativo: na Argentina, a jurisprudência consagrou o direito da Nação de desapropriar bens provinciais no interesse público; nos Estados Unidos, a União não pode desapropriar bens dos Estados e sequer desapropriar bens particulares

---

18. Idem, p. 84.
19. Na 3ª edição, p. 22, nota de rodapé n. 36.
20. Idem, p. 22.
21. Ob. cit., p. 1.221.
22. Idem, p. 72.

sem a autorização desses, podendo, contudo, os Estados desapropriarem bens das municipalidades, vedando-se o inverso; no México, embora a lei seja omissa, a Constituição consagrou o princípio do direito eminente como pertinente à União; na Venezuela apenas a União tinha o direito de desapropriar; na União Sul-Africana, Espanha e Áustria, a lei é omissa.

Em 1953, iniciou-se discussão judicial acerca da possibilidade de desapropriação pelo Município de Americana de bem pertencente à Cia. Paulista de Estradas de Ferro, empresa estatal prestadora de serviço público federal, para o alargamento de trecho de uma avenida e execução do plano de urbanização do Município.

O caso, examinado por Juízo da Comarca do Estado de São Paulo, pela 6ª Câmara do Tribunal de Justiça do Estado de São Paulo,[23] pela 1ª Turma[24] e Pleno do Supremo Tribunal Federal,[25] é rico em decisões que se aprofundaram no exame de variados aspectos relativos ao tema ora tratado.

A sentença, proferida sob a égide da Constituição de 1946, é o primeiro registro que temos de decisão que tenha negado aplicação ao art. 2º, § 2º, do Decreto-lei n. 3.365/1941, sob o fundamento de que sendo o direito de expropriar de origem constitucional, apenas a Constituição poderia restringir a faculdade de expropriar dos Estados e Municípios e, como esta não estabeleceu qualquer restrição que se refira à natureza dos bens ou à condição do proprietário, o direito de desapropriar é, nesse particular, uma faculdade irrestrita, que a União, no exercício do direito de legislação privativa sobre a matéria, não poderia restringir.

A ausência de hierarquia jurídica entre os entes federativos é expressamente ressaltada no seguinte trecho da sentença, transcrito no acórdão relativo ao julgamento do recurso extraordinário pela 1ª Turma do Supremo Tribunal Federal,[26] no qual foi acatada a tese nela desenvolvida: "vê-se logo que às administrações locais, instituídas pela organização constitucional da Nação, um único poder hierárquico superior se impõe, e este não é a pessoa jurídica da União, a administração federal, mas tão somente a soberania popular que se expressa nas deliberação de assembléias constituintes".

E, mais adiante: "Entre os poderes federal, estadual e municipal, o que existe é distribuição de funções e absoluta paridade de valor como órgão da administração, a cada um deles competindo a faculdade de decretar desapro-

---

23. Ag. Pet 63.456, j. 9.9.1953, rel. Des. Fernandes Martins, com declaração de voto vencido do Des. Ulisses Dória, *RDA* 37/225.
24. RE 26.149, j. 5.12.1955, rel. Min. Afrânio Antônio da Costa.
25. ERE 26.149, j. 18.10.1965, rel. Min. Víctor Nunes Leal, *RTJ* 35/11.
26. RE 26.149, j. 5.12.1955, *Ement* STF, vol. 245-01, p. 309.

priação, sem restrições outras senão as que decorrem de texto constitucional".

Sob o fundamento de que os bens efetivamente aplicados no serviço da concessão não podem ser desapropriados por nenhum órgão da administração, federal, estadual ou municipal, porque já estão a serviço da necessidade ou utilidade pública, mas que essa especial prerrogativa não se aplica aos bens de simples domínio do concessionário, que não estejam a serviço da concessão, o Juiz denegou a segurança, entendendo que a afetação ou não do bem ao serviço público demandaria dilação probatória, incompatível com a via processual eleita.

Essa tese foi rejeitada pela maioria dos integrantes da 6ª Câmara do Tribunal de Justiça do Estado de São Paulo, com base em que a desapropriação pretendida pelo Município ofendia a hierarquia política constitucional, por força da qual só a União poderia promover a desapropriação de bem de concessionária de serviço público estadual, estando o próprio Estado impedido de proceder como o Município, pois renunciou ao direito de desapropriar bem da concessionária, salvo se promover a desapropriação de todo acervo.

Nos embargos de declaração opostos contra o provimento do recurso extraordinário, que, conforme dito, acatou a tese desenvolvida em Primeira Instância e reformou o acórdão referido no parágrafo acima, o Ministro Víctor Nunes Leal esposou o entendimento de que admitir que Municípios possam desapropriar bem afetado a serviço público estadual ou federal concedido subverteria o equilíbrio federativo, pois estar-se-ia conferido ao Município o direito de desfazer o que tivesse feito a União ou o Estado, no uso regular de sua competência. Além disso, essa desapropriação contrariaria o art. 2º, § 2º do Decreto-lei n. 3.365/1941.

Contudo, o Ministro endossou o argumento do Juiz de Primeira Instância, também acatado pelo acórdão embargado, no seguinte ponto abaixo reproduzido: "A distinção feita pela sentença e pelo acórdão embargado parece-me de todo razoável. Não é o patrimônio da concessionária que fica imune à desapropriação por entidade de menor jurisdição, mas o serviço público por ele explorado, para que não sofra solução de continuidade, com frustração dos objetivos que teve o poder concedente".[27]

Os embargos foram recebidos, apenas em parte, para que o Tribunal de Justiça verificasse se o terreno questionado integrava o serviço público explorado ou se, nesse ponto, faltava liquidez e certeza ao direito pleiteado.

Em 1962, registramos decisão da 2ª Turma do Supremo Tribunal Federal referente a bem da "Fábrica Nacional de Motores S.A.", empresa estatal

27. ERE 26.149, j. 18.10.1965, p. 13.

federal, que havia sido declarado de utilidade pública pelo Estado do Rio de Janeiro e, posteriormente, também declarado de utilidade pública pela União.[28]

Nessa decisão, considerou-se que a primeira desapropriação visava à integralização de capital do Estado do Rio de Janeiro em empresa estatal da qual a União também era acionista, enquanto que a segunda desapropriação visava à proteção de área de manancial, bem jurídico de maior importância.

Além desse aspecto, considerou-se também não haver vedação para que a União desaproprie bem desapropriado pelo Estado, ou que por ele esteja em vias de desapropriação, porquanto assim autoriza a escala expropriatória do art. 2º, § 2º, do Decreto-lei n. 3.365/1941, fundada na superioridade da União com relação aos Estados.

No ano seguinte de 1963, registramos decisão do Pleno do Supremo Tribunal Federal referente à desapropriação dos bens de empresa privada concessionária de serviço público federal, a "Companhia Central Brasileira de Força Elétrica", por parte do Estado do Espírito Santo.[29]

Essa decisão, seguida da que foi proferida no mesmo ano, em caso idêntico, pela 2ª Turma do Supremo Tribunal Federal no julgamento do recurso extraordinário interposto pela Prefeitura Municipal de Ibiraci contra a "Companhia Força e Luz de Ibiraci",[30] que a teve como paradigma, deu origem à Súmula 157 do Supremo Tribunal Federal, segundo a qual: "É necessária prévia autorização do Presidente da República para desapropriação, pelos Estados de empresa de energia elétrica".

Considerou-se nessas decisões que, em verdade, o Estado do Espírito Santo e a Prefeitura Municipal de Ibiraci pretendiam a encampação do serviço público prestado pela Concessionária, medida que só poderia ter sido adotada pela União, tendo em vista tratar-se de matéria de seu peculiar interesse. Por essa razão, a desapropriação dos bens vinculados a serviço público concedido pela União dependeria da autorização do Presidente da República.

Em 1968, Roberto Barcellos de Magalhães, na obra *Teoria e Prática da Desapropriação no Direito Brasileiro*, posicionou-se pela expropriabilidade de bens públicos de acordo com a escala do art. 2º, § 2º, do Decreto-lei n. 3.365/1941, inadmitindo a desapropriação na ordem inversa, já que seria contrária à ordem hierárquica descendente entre União, Estados e Municípios.

---

28. RE 47.875-RJ, j. 21.8.1962, rel. Djalma da Cunha Neto.
29. MS 11.075, j. 29.4.1963, rel. Min. Ary Franco.
30. RE 52.625-MG, j. 23.8.1963, rel. Min. Ribeiro da Costa.

Na opinião do Autor, a escala expropriatória aplicar-se-ia também aos bens que integram serviço público concedido, mas não aos particulares do concessionário, que não estejam afetados ao serviço.[31]

No ano de 1972, Hely Lopes Meirelles examinou a questão da desapropriação de bens públicos em parecer acerca da declaração de utilidade pública por parte do Estado de São Paulo de parte de uma área que recobria jazida em lavra concedida pela União à "Sociedade Mineradora Mar Pequeno Ltda".[32] A desapropriação teria como beneficiária a DERSA – Desenvolvimento Rodoviário S/A, sociedade de economia mista estadual.

No parecer, o Autor expressou a opinião de que com a desapropriação o Estado estaria revogando, por via oblíqua, o ato de concessão da lavra expedido pela União, o que representaria uma inversão da hierarquia federativa, em desarmonia com o disposto no art. 2º, § 2º, do Decreto-lei n. 3.365/1941.[33]

O decreto expropriatório seria então inconstitucional, por invadir matéria reservada à União, e ilegal, por contrariar o Código de Mineração e seu regulamento, que deferem a concessão da lavra e a sua cassação, anulação ou declaração de caducidade exclusivamente ao Presidente da República.

Caso interessantíssimo, cuja discussão se iniciou em 1974, foi o da declaração de utilidade pública por parte do Município de Vinhedo de uma Adutora Municipal, que, embora fosse parcialmente localizada em seu território, pertencia ao Município de Valinhos, que a utilizava para o abastecimento de água da respectiva população: é o primeiro registro que temos de exercício de poder expropriatório entre entidades de mesma escala federativa.

Contra esse ato de declaração de utilidade pública, o Município de Valinhos impetrou mandado de segurança, ao qual foi juntado parecer de Celso Antônio Bandeira de Mello.[34]

Para a resolução do problema jurídico a ele submetido, o Autor se serve do seguinte instrumental teórico: 1) fundamento jurídico do poder expropriatório; 2) bens públicos e sua função; e 3) relacionamento das pessoas jurídica de direito público.

Após examinar esses três aspectos relacionados à questão, o Autor lança as seguintes premissas que serviram de base para formar sua opinião: 1) "A desapropriação supõe a invocação de interesse de uma pessoa pública (necessidade, utilidade pública ou interesse social) superior ao de outra pes-

---

31. Ob. cit., pp. 62-63.
32. Publicado na *RDA* 109/283.
33. Idem, pp. 287-288.
34. Publicado na *RDP* 29.

soa,³⁵ cujos interesses sejam qualificados pela ordem jurídica como de menor relevância ou abrangência e, por isso mesmo, sobrepujáveis pelo expropriante";³⁶ 2) "Nas relações controvertidas incidentes sobre bens públicos, se as partes conflitantes perseguem interesses jurídicos do mesmo nível, prepondera a proteção incidente sobre o bem público, quando o grau de adscrição de um interesse coletivo atual se sedia nas escalas em que é mais elevado seu comprometimento com a realização imediata de uma necessidade pública";³⁷ 3) "Por inexistir desequilíbrio jurídico entre as pessoas políticas do mesmo nível constitucional, uma não pode opor à outra suas prerrogativas de autoridade se tal proceder acarretar interferência em interesse público a cargo daquela contra a qual se pretenda invocar um poder de supremacia".³⁸

Na opinião do Autor, o silêncio do Decreto-lei n. 3.365/1941 sobre a desapropriação de bens públicos por entidades da mesma escala federativa não deve ser interpretado como implícita autorização irrestrita dessa desapropriação.

Conclui, portanto, ser *intolerável o exercício da desapropriação de bem estadual por outro Estado ou bem municipal por outro Município quando os interesses postos em entrechoque são ambos interesses públicos, dado o equilíbrio jurídico deles*;³⁹ mas, reversamente, a desapropriação será possível *quando o bem atingido não estiver preposto à satisfação de uma necessidade pública, pois nesse caso não se cogita de interesses públicos nivelados, mas da confrontação de um interesse público primário com interesse meramente patrimonial.*⁴⁰

Embora tenha analisado especificamente a questão da expropriabilidade de bens entre entidades da mesma escala federativa, o Autor aponta como termo de solução para entrechoques de interesses públicos a prevalência do interesse mais relevante ou de abrangência mais compreensiva, considerando-se o grau de interligação que o bem a ser expropriado possua com a necessidade e a utilidade pública, para o fim de que "a utilidade preponderante extraia do bem almejado o proveito público maior que nele se encarna".⁴¹

---

35. Note-se que o Autor se refere à *superioridade do interesse* a cargo de determinada pessoa jurídica de direito público, e não à *superioridade do sujeito em si mesmo considerado*, diferenciação que até então não havia sido feita tanto na doutrina quanto na jurisprudência e que produz profundas conseqüências para o estudo do tema em questão.
36. Ob. cit., pp. 49-50.
37. Idem, pp. 51-52.
38. Idem, p. 54.
39. Idem, p. 56.
40. Idem, ibidem.
41. Idem, p. 49.

Essa opinião do ilustre administrativista quanto à inexpropriabilidade do bem pertencente ao Município de Valinhos pelo Município de Vinhedo foi acatada na sentença concessiva da segurança requerida, confirmada no acórdão da 4ª Câmara do 2º Tribunal de Alçada Civil do Estado de São Paulo,[42] e, também, pela maioria dos integrantes do Pleno do Supremo Tribunal Federal.[43]

Na sentença e acórdão mencionados, registra-se pela primeira vez o entendimento, influenciado pelo parecer acima, de que a escala expropriatória estabelecida no art. 2º, § 2º, do Decreto-lei n. 3.365/1941 funda-se não na superioridade de determinada pessoa política, mas "no prevalecimento do interesse das organizações administrativas de maior abrangência, em confronto com as de menor, no quadro constitucional", pressupondo-se que aos "entes de maior expressão se depositam mais interesses relevantes".[44]

Nessas decisões negou-se relevância ao argumento de que o bem objeto de desapropriação encontrava-se no território da entidade expropriante, o que não constituiu entendimento unânime do Pleno do Supremo Tribunal Federal, conforme a declaração de voto preliminar do Ministro Moreira Alves e declarações de voto vencido dos Ministros Leitão de Abreu e Rodrigues Alckmin, das quais trataremos mais adiante.

Esses três ministros expressaram também o entendimento de que a desapropriação prevista no art. 2º, § 2º, do Decreto-lei n. 3.365/1941 não seria a única modalidade de desapropriação de bens públicos possível.

O Ministro Moreira Alves considerou ser possível a desapropriação entre entidades de mesma escala federativa quando o bem dominical de uma estiver situado no território da outra, que dele necessite para fim público.[45] Contudo, como não era essa a hipótese dos autos, o Ministro votou, com a maioria, pelo não conhecimento do recurso.

O Ministro Leitão de Abreu, em interpretação original do art. 2º, § 2º, do Decreto-lei n. 3.365/1941, defendeu ser maior ainda o alcance da desapropriação de bens públicos. Para ele, os bens dominicais das pessoas jurídicas de direito público são sempre expropriáveis umas pelas outras quando necessários à satisfação de uma finalidade pública, porquanto não se inserem nem no domínio público, nem no patrimônio administrativo dessas pessoas, as quais podem, ao menos em princípio, desapropriar quaisquer bens localizados em seu território, pois a Constituição não impõe restrições rela-

---

42. Ap 25.042, j. 2.7.1975, rel. Des. Torres de Carvalho, *RT* 482/160.
43. RE 85.550-SP, j. 22.2.1978, rel. Min. Xavier de Albuquerque, com declarações de voto vencido, *RTJ* 87/542.
44. Trecho do voto do Des. Torres de Carvalho na decisão acima citada, p. 161.
45. RE 85.550-SP, cit., pp. 547-548.

tivas à natureza dos bens a serem expropriados. Ao contrário, no que se refere aos demais bens públicos, a regra é não poderem ser desapropriados, uma vez que, se a desapropriação só é admissível para servir o interesse coletivo e os bens já se encontram a serviço deste, seria uma contradição deixá-los sujeitos à expropriação.

Assim, a autorização legislativa à que se refere o § 2º do art. 2º do Decreto-lei n. 3.365/1941, desnecessária para desapropriação dos bens dominicais, teria a função de servir como critério para a desapropriação dos demais bens públicos, conforme exposto no trecho de seu voto abaixo transcrito: "Este não outro, foi o objetivo que teve em mira o § 2º, do art. 2º, da Lei das Desapropriações. Por meio dessa prescrição legal pretendeu-se autorizar a União a desapropriar os bens do domínio público dos Estados, Municípios, Distrito Federal e Territórios, bem como os dos Municípios pelos Estados. Porque, nesse caso, entram em conflito dois interesses públicos – o do desapropriante que se dispõe a tomar para si determinado bem e o do desapropriado que quer conservar o bem vinculado à finalidade pública a que o destinou – essa norma legal subordina a desapropriação a ato legislativo que a autorize".[46]

Considerando que o Município, em cujo território esteja localizado bem dominical pertencente a outro, pode desapropriar esse bem para destiná-lo a uma finalidade pública, até para evitar que municípios mais ricos preponderem sobre os mais pobres, e que, no caso concreto, o bem sobre o qual se contendia foi desqualificado como bem do patrimônio administrativo do Município de Campinas, que o vendeu, sob regência de direito privado, ao Município de Valinhos, o qual até a data do decreto expropriatório ainda não o havia afetado ao atendimento da necessidade pública, o Ministro considerou válida a desapropriação pelo Município de Vinhedo, votando pelo conhecimento e provimento do recurso.

No mesmo sentido foi o voto do Ministro Rodrigues Alckmin, mas sob o fundamento de que o poder de expropriar do Município se estende a todo o seu território, excluídos apenas os bens do respectivo Estado e da União, uma vez que o domínio eminente destes é de grau superior ao do Município.[47]

Ao final, por maioria de votos, negou-se conhecimento ao recurso extraordinário, ressaltando o Ministro Xavier de Albuquerque, em seu voto, que o equilíbrio federativo não consente na desapropriação entre entidades de mesma escala federativa.[48]

46. Idem, p. 553.
47. Idem, pp. 558-559.
48. Idem, p. 546.

Nesse mesmo ano de 1974, o Pleno do Supremo Tribunal Federal apreciou outro caso de desapropriação entre entidades da mesma escala federativa, por ocasião da desapropriação de uma coleção de arte sacra, recém adquirida pelo Estado da Bahia, por parte do Estado de Pernambuco.

Contra o decreto expropriatório, o Estado da Bahia interpôs mandado de segurança, ao qual foi juntado parecer proferido por Sérgio Ferraz.[49]

No parecer, o Autor acata o posicionamento de Seabra Fagundes quanto à impossibilidade de desapropriação de quaisquer bens públicos no sentido inverso ao da escala expropriatória do art. 2º, § 2º, do Decreto-lei n. 3.365/1941, acrescentado aos argumentos de Seabra Fagundes contra essa desapropriação o de que estão expressa e exaustivamente previstos na Constituição todos os instrumentos de interação das partes componentes de nossa estrutura federativa, não se admitindo nesse campo interpretações extensivas ou analógicas, pois, qualquer elastério, diz ele, "põe em risco o próprio equilíbrio federativo".[50]

Assim, diz o Autor, "*se a ordem constitucional afirma o primado normativo do ente federativo 'superior'*, e, *se o Decreto-lei 3.365/1941, que possui 'inequívoco caráter complementar' da regra constitucional atinente à desapropriação*, só admite a desapropriação de bem público quando observada a hierarquia federativa, a conseqüência é a de que *se exclui a possibilidade de 'ente menor' desapropriar bens de 'ente maior'*".[51]

Na opinião desse Autor, tal vedação deve ser estendida às entidades de mesma escala federativa, conforme trecho abaixo reproduzido: "Se a escala do § 2º do artigo 2º é de direito estrito, não só aos entes públicos menores é vedado desapropriar bens de entidades públicas hierarquicamente superiores, mas igualmente o exercício da faculdade expropriatória, que tenha como pretensos sujeitos ativo e passivo pessoas de direito público da mesma ordem de grandeza federativa, está legalmente vedado. Como manifestação de supremacia (conformada embora à ordem jurídica), o direito de desapropriar supõe uma natural posição de ascendência, política e jurídica, do expropriante sobre o expropriado. Ora, tal posição inexiste, quando se confrontam Estados-membros ou Municípios".[52]

A essa conclusão também chegou a maioria (apertada) dos Ministros que compunham o Pleno do Supremo Tribunal Federal,[53] que concedeu a segurança para declarar a nulidade do ato expropriatório, sob o fundamento

---

49. *RDP* 30.
50. Idem, p. 73.
51. Idem, pp. 73-74.
52. Idem, p. 47.
53. MS 19.983, j. 27.8.1975, rel. Min. Thompson Flores, *RTJ* 77/48.

de que referido ato contrariava o equilíbrio federativo, a igualdade jurídica e a autonomia existente entre os Estados, assim como, por não estar a expropriação entre entidades de mesma escala federativa expressamente prevista em lei, não devia ser admitida, tendo em vista que à administração pública só se permite fazer o que a lei expressamente autoriza.

Nos votos vencidos foram considerados aspectos pertinentes à validade da venda da coleção de arte sacra dos herdeiros de Abelardo Rodrigues para o Estado da Bahia, e, sobretudo a prerrogativa atribuída às pessoas políticas de desapropriarem os bens que se encontrem em seu território.

Em esclarecimento de aspecto relacionado a seu voto, o Ministro Thompson Flores expressou a opinião de que o equilíbrio federativo teria sido rompido pelo Estado da Bahia, que adquiriu a coleção que se encontrava no território do Estado de Pernambuco e com relação à qual esse Estado já havia manifestado interesse.[54]

Em 1976, a 4ª Câmara do 2º Tribunal de Alçada Civil do Estado de São Paulo negou provimento à apelação da FEPASA, sociedade de economia mista estadual, contra desapropriação promovida pelo Município de Bebedouro, para a abertura e prolongamento de uma avenida, confirmando sentença que havia denegado a segurança pleiteada para o fim de anular o ato expropriatório municipal.[55]

O critério adotado para a resolução do conflito foi o da hierarquia federativa, temperado por considerações acerca da destinação do bem, entendendo-se ser inadmissível a expropriação pelos Estados e Municípios de bens vinculados a serviço público, sem autorização da entidade "superior" que os instituiu e delegou, em nome do princípio da continuidade.

Ficou também consignado na decisão o entendimento, apoiado em Hely Lopes Meirelles, de que a escala hierárquica expropriatória não seria aplicável aos bens de entidades de natureza administrativa não afetos ao serviço público, sendo, portanto, admissível a expropriação de bens dominicais de entidades de natureza administrativa federal pelos Estados, e estadual, pelos Municípios. Como, no caso concreto, a desapropriação recaía sobre um pátio de estação abandonado, foi reafirmada a validade do ato que a decretou.[56]

Em 1977, Sérgio Ferraz volta ao tema da desapropriação de bens públicos, abordando diversos aspectos a ele referentes, em um dos estudos inte-

---

54. Idem, pp. 359-360.
55. Ap em MS 47.759, j. 22.12.1976, rel. Des. Torres de Carvalho, RT 498/148.
56. Esse entendimento foi construído sobre o pressuposto de os bens autárquicos e os bens pertences diretamente às pessoas políticas serem bens públicos de categorias distintas, conforme citação constante do acórdão em referência.

grantes de sua obra denominada *3 Estudos de Direito*, dedicado à "Desapropriação de bens públicos".

Nessa obra, o Autor ressalta a importância em se considerar a destinação pública do bem para fins de desapropriação, posicionando-se pela inexpropriabilidade dos bens de uso comum e especial, porque a afetação ao uso ou serviço público os faz inalienáveis, portanto, insuscetíveis de serem objeto de "compulsória transferência de titularidade".[57]

O Autor reafirma sua posição pela impossibilidade de desapropriação em ordem inversa à escala federativa, sendo de se transcrever o seguinte trecho que sintetiza seu pensamento sobre essa questão: "Sob o ponto-de-vista subjetivo, portanto, o pólo ativo da faculdade expropriatória só pode configurar-se quando exista entre seu exercente, e o titular do bem expropriando, uma posição de ascendência jurídica, em terreno de avaliação da utilidade ou interesse públicos. Sob o prisma objetivo, doutra parte, imprescindível será que o bem expropriando seja passível de disponibilidade compulsória, o que acontece quando não esteja ele afetado a um uso ou serviço público".[58]

O Autor estende essas conclusões aos bens autárquicos, razão pela qual se posiciona pela impossibilidade de Estados e Municípios desapropriarem quaisquer bens de autarquias federais, e de Municípios desapropriarem quaisquer bens de autarquias estaduais; assim como pela impossibilidade de serem desapropriados os bens de quaisquer autarquias quando vinculados ao uso ou serviço público.

Quanto aos bens de concessionários de serviço público, manifesta-se pela impossibilidade de Estados e Municípios desapropriarem bens de concessionárias delegatárias de pessoa jurídica de direito público de "hierarquia superior",[59] em harmonia com o § 3º do art. 2º do Decreto-lei n. 3.365/1941 e Súmula 157 do STF, ressalvando que o óbice só existe quando se trate de bem vinculado à exploração do serviço.

Em 1979, Caio Tácito, no parecer que proferiu acerca de decisão do Tribunal de Alçada Civil do Estado de São Paulo, que afastou a necessidade do Estado de São Paulo indenizar a desapropriação de bens públicos de uso comum pertencentes ao Município de São Paulo, que eram ruas e praças internas compreendidas na área particular objeto de desapropriação, posicionou-se pela expropriabilidade de quaisquer bens públicos.

O Autor rejeitou o fundamento da decisão da 2ª Câmara do Tribunal de Alçada Civil de São Paulo, pelo qual a expressão *bens de domínio* dos Esta-

---

57. Ob. cit., p. 29.
58. Idem, p. 26.
59. Idem, p. 44.

dos, Municípios, Distrito Federal e Territórios, utilizada no art. § 2º do 2º do Decreto-lei n. 3.365/1941, constituiria uma indicação de que apenas os bens patrimoniais dessas pessoas seriam suscetíveis de desapropriação.[60]

Na opinião do Autor, todos os bens do *domínio público* são suscetíveis de desapropriação, inclusive os de uso comum, respeitando-se a escala expropriatória do art. § 2º do 2º do Decreto-lei n. 3.365/1941, conforme admite a doutrina e jurisprudência pátria.

Esse entendimento foi sufragado pela 1ª Turma do Supremo Tribunal Federal no julgamento do recurso extraordinário interposto pela Prefeitura Municipal de São Paulo contra o Estado de São Paulo, Ana Cardia Teixeira e Outros, ao qual foi juntado o parecer acima referido.[61]

Nessa decisão, que impôs a necessidade de que o Estado de São Paulo indenizasse a desapropriação dos bens municipais desapropriados, considerou-se que o art. 153, § 22, da Constituição de 1969, bem como o art. 2º do Decreto-lei n. 3.365/1941, não estabelecem limitações de acordo com a natureza dos bens, estatuindo, esse último, ao contrário que *todos* os bens são suscetíveis de desapropriação, nos quais se incluem até mesmo os que são de uso comum do povo.

De forma que, as únicas condições impostas para a desapropriação de bens públicos decorreriam do § 2º do art. 2º do Decreto-lei n. 3.365/1941, quais sejam, a observação da escala expropriatória e a necessidade de prévia autorização legislativa.

Em 1980, a 2ª Câmara do 2º Tribunal de Alçada Civil de São Paulo negou provimento à apelação interposta pela FEPASA, sociedade de economia mista concessionária de serviço público, contra o Município de Presidente Epitácio,[62] que pretendia desapropriar bem da concessionária não afeto ao serviço público por ela prestado.

O fundamento da decisão foi o de que a imunidade de desapropriação aplicava-se apenas aos bens afetados ao serviço público e não aos demais bens da concessionária.

No mesmo ano, proferida decisão em idêntico sentido pela 8ª Câmara do Tribunal de Justiça de São Paulo, no julgamento do agravo de instrumento interposto pela CESP – Cia. Energética de São Paulo – contra a Prefeitura Municipal de Igaraçu do Tietê.[63]

60. "Desapropriação – Bens do domínio público municipal – Indenização", *RDA* 138/293.
61. RE 88.914-1-SP, j. 4.9.1979, rel. Min. Thompson Flores.
62. Ap 99.390, j. 14.4.1980, rel. Des. Franciulli Netto, *RT* 541/172.
63. AI 10.924-2, j. 16.10.1980, rel. Des. Alvarez Cruz, *RT* 549/91.

Também nesse ano, é publicada a 1ª edição do *Tratado Geral da Desapropriação*, no qual J. Cretella Júnior dedicou capítulo específico ao tema da desapropriação de bens públicos.[64]

O Autor posicionou-se pela expropriabilidade de todos os bens públicos, desde que estritamente observada a escala expropriatória prevista no art. 2º, § 2º, do Decreto-lei n. 3.365/1941, pois a expressão ampla do *caput* desse mesmo artigo inclui os três tipos de bens, e revoga, ainda que de maneira implícita, a intangibilidade dos bens de uso comum e especial.[65]

Além de estar sujeita à observação da "hierarquia federativa", a desapropriação de bens públicos dependeria também de autorização legislativa do poder expropriante. O que não é possível, na opinião desse Autor, é a desapropriação em sentido inverso, porquanto contrária ao princípio hierárquico, e o que denomina de "desapropriação nivelada",[66] entre entidades de mesma escala federativa, ambas afrontosas à autonomia das entidades federativas. Diz o Autor: "Se pessoas jurídicas públicas de 'hierarquia menor' – chamemo-las assim – necessitarem, para seus serviços e obras, de bens públicos de pessoas de 'hierarquia maior', os bens podem ser obtidos mediante acordo celebrado entre as duas pessoas jurídicas públicas relacionadas".[67]

Esse "princípio hierárquico", diz ele, estende-se às autarquias e concessionárias: as pessoas políticas "maiores" podem desapropriar bens das pessoas administrativas "menores". O Autor admite, contudo, que Estados e Municípios possam desapropriar bens de autarquia federal situada em seu território.[68]

Em 1984, Caio Tácito volta a ferir alguns aspectos relacionados ao tema da desapropriação de bens públicos, em parecer[69] no qual examinou a validade de lei do Município de Porto Velho, que transformava em bem público municipal de uso comum uma via de acesso para transporte e circulação, construída e utilizada pela Companhia de Mineração Jacundá, empresa titular de concessão de lavra, localizada em terra devoluta da União.

O Autor considerou tratar-se de desapropriação indireta levada a cabo pelo Município, padecente da mesma eiva de ilegalidade e de inconstitucionalidade de que padeceria o correspondente decreto expropriatório, já que os Municípios não podem desapropriar bens públicos da União, nem tampouco bens de concessionárias federais quando afetados ao serviço público.

---

64. Ob. cit., p. 114.
65. Idem, p. 119.
66. Idem, p. 115.
67. Idem, p. 120.
68. Idem, p. 121.
69. Publicado na *RDA* 138/328.

Em 1987, a 2ª Turma do Supremo Tribunal Federal apreciou questão atinente à desapropriação simultânea de imóvel de particular pela Prefeitura Municipal de Divino e pelo Estado de Minas Gerais. Apesar de a referida decisão não tratar de desapropriação de bem público, mas sim, de desapropriação simultânea de bem particular, seu interesse se justifica por que refere aspectos jurídicos relacionados ao tema.

Contra a decisão do Tribunal de Justiça de Minas Gerais, que reformou a decisão concessiva de imissão na posse que o favorecia, o Município interpôs recurso extraordinário.[70]

Embora tivesse sido o Município o primeiro a declarar a utilidade pública do bem e ajuizar a correspondente ação expropriatória (com antecedência de 15 e 57 dias, respectivamente, em relação ao Estado), a preferência foi atribuída ao Estado, tendo em vista que esse poderia desapropriar até mesmo bem já pertencente ao Município, de acordo com a escala expropriatória do art. 2º, § 2º do Decreto-lei n. 3.365/1941.

Para o Ministro Célio Borja, relator do acórdão, que negou conhecimento ao recurso, a competência da União para legislar sobre desapropriação é conseqüência direta de sua condição de titular originária do domínio eminente, sendo derivado o poder de desapropriar dos Estados e dos Municípios. Tal consideração serviu-lhe de base para essa decisão, conforme demonstra o trecho abaixo transcrito: "Invoca o Município de Divino a autonomia assegurada por norma constitucional da União (art. 15) para afastar a posição hierarquicamente subalterna a que o relegou o v. aresto recorrido. Se, a meu ver, não há que falar em hierarquia entre partes constitutivas da Federação, quando uma delas é titular de um direito próprio de autonomia, concedido pela Constituição Federal, é, contudo, de afirmar-se que, no caso, existe uma regra de preferência a favor do Estado, que o Tribunal *a quo* reconheceu corretamente".[71]

Em 1988, a 2ª Turma do Supremo Tribunal Federal deu provimento ao recurso extraordinário que a Rede Ferroviária Federal S.A., sociedade de economia mista concessionária de serviço público, interpôs face ao Município de Bom Despacho,[72] reformando o acórdão do Tribunal de Justiça de Minas Gerais, que havia mantido a sentença denegatória da segurança requerida pela Concessionária visando à anulação do ato expropriatório municipal.

Considerou-se, nessa decisão, em sentido diverso daquele adotado na decisão Plenária de 1965, proferida no julgamento dos Embargos no Recur-

---

70. RE 111.079, j. 10.4.1987, rel. Min. Célio Borja, *RTJ* 125/330.
71. Idem, pp. 333-334.
72. RE 115.665-MG, j. 18.3.1988, rel. Min. Carlos Madeira, *RTJ* 125/1.332.

so Extraordinário 26.149, cujo trecho foi transcrito anteriormente, não ter relevo a desativação da ferrovia no trecho que compreende o Município de Bom Despacho, porquanto mesmo desafetado ao serviço público o bem permanece no patrimônio da União, conforme disse o Ministro Célio Borja: "O patrimônio da União integrante da sociedade de economia mista continua protegido pelas prerrogativas dos bens públicos".[73]

Assim, como não se admite que as *entidades políticas menores* possam desapropriar bens das *maiores*, e porque não obtida a autorização do Governo Federal para essa desapropriação, conforme exigência do § 3º do art. 2º do Decreto-lei n. 3.365/1941, deu-se provimento ao recurso, para conceder o mandado de segurança.

No mesmo ano de 1988, a 6ª Turma do Tribunal Federal de Recursos deu provimento parcial à apelação interposta pelo Instituo Nacional de Previdência Social – INPS contra a Desenvolvimento Rodoviário S.A. – DERSA,[74] apenas no que se referia à parte da sentença que fixava o valor da indenização, mantendo-a na parte em que julgou procedente a ação expropriatória proposta pela DERSA, com o objetivo de adquirir bem pertencente à autarquia federal, compromissado à venda e ocupado por particular, e que era necessário para a construção de trecho da Rodovia dos Imigrantes.

Considerou-se que o imóvel em discussão não estava afetado a uma atividade administrativa, razão pela qual impedir sua desapropriação seria sobrepor o interesse privado ao interesse coletivo. Em concreto, diz o Ministro Carlos Velloso, "seria impedir a construção de uma rodovia do maior interesse público, porque, no caminho dessa rodovia, há um imóvel de propriedade do INPS, que este prometeu vender a um particular. Isso seria um disparate. Não se compreende, aliás, a posição da autarquia previdenciária, nestes autos".[75]

Quanto à aplicação do § 2º do art. 2º do Decreto-lei n. 3.365/1941 ao caso concreto, o Ministro ressaltou a necessidade de interpretação estrita do referido dispositivo legal, tendo em vista que a estrutura horizontal do federalismo brasileiro não autoriza o estabelecimento de relação de dependência entre os entes federativos, nem tampouco de preferência em favor de um deles, conforme trecho de seu voto abaixo reproduzido: "De modo que, vale repetir, o dispositivo infraconstitucional, art. 2º, § 2º, do Decreto-Lei n. 3.365/ 1941, elaborado sob o pálio de uma Carta Política, altamente centralizadora, há de ser interpretado, no mínimo, em sentido estrito. E sendo assim, devem

---

73. Idem, p. 1.334.
74. AC 40.526, j. 4.5.1988, rel. Min. Carlos M. Velloso.
75. Idem, p. 134.

ser consideradas apenas as pessoas públicas ali mencionadas – União, Estados, Municípios, Distrito Federal e Territórios – sem possibilidade de ali serem incluídos bens do domínio das autarquias".[76]

No ano de 1990, *em decisão proferida já sob a égide da atual Constituição*, a 15ª Câmara do Tribunal de Justiça do Estado de São Paulo negou provimento à apelação interposta pela Prefeitura Municipal de Registro face à Companhia de Desenvolvimento Agrícola de São Paulo – CODASP,[77] sociedade de economia mista, mantendo sentença que extinguiu a ação de desapropriação intentada pelo Município.

A desapropriação do prédio pertencente à CODASP visava à instalação do Departamento de Desenvolvimento Rural, Departamento de Obras e Serviços Municipais e Departamento de Desenvolvimento Urbano do Município de Registro.

Logo após ter sido declarado de utilidade pública pelo Município de Registro, o bem foi vendido ao Estado de São Paulo. E, assim, considerando que antes mesmo do ajuizamento da ação expropriatória o bem já havia sido incorporado ao patrimônio do Estado, e que os Municípios não podem expropriar bens dos Estados, negou-se provimento ao recurso do Município, impedindo-se a correspondente desapropriação.

Em 1994, *já sob a égide da Constituição atualmente vigente*, o Pleno Supremo Tribunal Federal negou conhecimento ao recurso extraordinário interposto pelo Estado do Rio de Janeiro, que pretendia desapropriar bem da Companhia Docas do Rio de Janeiro, sociedade de economia mista federal prestadora de serviço público.[78]

Em seu favor, o Estado do Rio de Janeiro desenvolveu duas teses: a primeira, de que se tratava de bem não afetado ao serviço público, porquanto confessamente destinado a ampliações futuras; a segunda, de que o tratamento de direito privado outorgado às sociedades de economia mista pelo art. 173 da Constituição[79] retirava-lhes a prerrogativa de inexpropriabilidade de seus bens.

Com relação à primeira tese, a opinião unânime, puxada pelo voto do Ministro Paulo Brossard, foi de que é necessário ponderar que certo bem pode não estar sendo utilizado hoje e vir a sê-lo amanhã, "na medida da necessidade, pois embora imprescindível, podem faltar recursos financeiros

---

76. Idem, p. 134.
77. Ap 164.691-2, j. 30.11.1990, rel. Des. Roberto Stucchi, *RTJESP* 130/101.
78. RE 172.816-7, j. 9.2.1994, Pleno do STF, rel. Min. Paulo Brossard, com declaração de voto vencido do Min. Marco Aurélio de Mello, *RTJ* 153/337.
79. Com a redação que possuía na época.

à entidade para empregá-lo desde logo",[80] considerando-se ainda que o serviço público portuário é dinâmico e de caráter perene.

Assim, bem pertencente à sociedade de economia mista exploradora de serviço portuário, localizado no cais do Rio de Janeiro, se presume integrado ao serviço, mesmo que destinado a ampliações futuras, razão pela qual não cabe considerar a tese de expropriabilidade pelos Estados e Municípios de bem de concessionária federal não afetado ao serviço público.

Com relação à segunda tese, prevaleceu o entendimento de que o art. 173 da Constituição nada tem a ver com a expropriabilidade dos bens de empresas pública e sociedades de economia mista. As regras aplicáveis à espécie seriam apenas as referidas no art. 2º do Decreto-lei n. 3.365/1941, que exige para a desapropriação de bens públicos a observação de uma escala expropriatória, além de autorização legislativa (§ 2º), ou, quando menos, autorização do Presidente da República (§ 3º, em harmonia com a Súmula 157 do STF), exigências não observadas no caso concreto.

Merece destaque trecho do voto do Ministro Paulo Brossard acerca do fundamento da escala expropriatória do art. 2º, § 2º, do Decreto-lei n. 3.365/ 1941: "(...) o interesse geral da Nação, interpretado pela União, na espécie, prevalece sobre o interesse regional encarnado pelo Estado, e ambos sobre o interesse local, representado pelo Município. Dentro da respectiva competência, não há superioridade da União sobre o Estado ou deste em relação ao Município, em matéria de desapropriação, porém, cujo poder é distribuído a cada uma dessas entidades, a hierarquia existe e decorre da dimensão do interesse em causa – o nacional, o regional, o local".[81]

O voto vencido do Ministro Marco Aurélio de Mello foi no sentido de que a submissão das sociedades de economia mista e empresas públicas ao regime jurídico de direito privado (art. 173, § 1º, da Constituição) acarreta a expropriabilidade de seus bens, o que, no caso concreto, é reforçado pelo fato de que a desapropriação pretendida pelo Estado do Rio de Janeiro *não inviabilizava a continuidade do serviço*.

Para o Ministro Carlos Velloso, a regra do art. 173, § 1º, da Constituição, não seria aplicável às empresas estatais prestadoras de serviço público, mas apenas às estatais destinadas à exploração de atividade econômica. Em sua opinião, a inexpropriabilidade do bem objeto de discussão dependeria apenas de seu *comprometimento com a realização imediata de uma necessidade pública*, condição que considerou satisfeita, tendo em vista estar o bem destinado a uma atividade essencial da sociedade de economia mista, ainda que para ampliação futura do serviço.

80. *RTJ* 153/343.
81. Idem, p. 346.

Reproduzimos abaixo trecho do voto desse Ministro em que se refere à interpretação do art. 2º, § 2º, do Decreto-lei n. 3.365/1941: "(...) o § 2º do art. 2º do Decreto-lei 3.365/1941 há de merecer interpretação estrita, tendo em vista que a federação brasileira articula-se em termos horizontais. Não há falar, no federalismo brasileiro, em entidades maiores ou menores: União, Estados e Municípios laboram em áreas próprias de competência, sem nenhuma relação de subordinação de umas a outras".[82]

Fábio Konder Comparato também escreveu parecer sobre o tema da desapropriação de bens públicos, em 1995, quando instado a opinar acerca da possibilidade jurídica de expropriação, pelo Governo Federal, de bens dominicais dos Estados-membros da Federação, mais concretamente, de ações do capital social de instituição financeira do Estado de São Paulo, o Banespa.[83]

Para o ilustre parecerista, a questão deve ser examinada à luz dos princípios jurídico federativos: o da autonomia e recíproca independência, que elege como o mais fundamental de todos eles; o de que nenhuma das unidades políticas componentes de uma federação tem mais poderes que a outra, exercendo cada qual poderes próprios e indelegáveis, em esferas bem delimitadas de competência, o qual é denominado pela doutrina alemã de princípio da homogeneidade; e o da confiança, mola-mestra de toda a estrutura federativa, sem a qual cai por terra toda a construção federal.

Traçando uma linha de raciocínio paralela à empreendida pelo *Chief Justice* Marshall,[84] no que se refere à possibilidade de recíproca tributação entre unidades federadas, o Autor conclui que se é certo que a tributação recíproca implica o exercício de poder de hegemonia de uma entidade sobre a outra e representa o fermento da discórdia entre elas, o mesmo se deve aplicar ao pretenso poder expropriatório que a União teria sobre os bens de propriedade dos Estados e Municípios.

Isso porque, na opinião do Autor, o poder de desapropriação, assim como o poder de tributar, pertence ao conjunto das prerrogativas de *imperium* do Poder Público, decorrentes da supremacia que tem com relação aos sujeitos privados.

E acrescenta: "Considere-se, ainda, que, se a Constituição, como lembrei, proíbe expressamente a imposição tributária de uma unidade política sobre por outra é porque o poder de tributar constitui prerrogativa do *ius imperii*, que supõe uma relação de poder e sujeição, incompatível com a estrutura federal. Ora, se assim é no tocante ao lançamento de impostos, com maioria de razão deve sê-lo no que concerne ao poder expropriatório".[85]

82. Idem, p. 231.
83. *RTDP* 11/8-86.
84. No julgamento do famoso aresto *McCulloch v. Maryland*.
85. Idem, p. 85.

Com base nesse argumento, o Autor se posiciona pela impossibilidade jurídica da desapropriação pretendida pela União, rejeitando a tese de que essa prerrogativa da União decorreria da atribuição constitucional de legislar acerca da matéria, pois não se deve confundir *competência para legislar* sobre desapropriação com *competência para praticar* o ato expropriatório.

Por fim, no que se refere à aplicação do art. 2º, § 2º, do Decreto-lei n. 3.365/1941, editado sob a égide da Constituição de 1937, observa o Autor:

"No regime da falsa 'Constituição' de 1937, foi praticamente abolido o Estado Federal no Brasil. O Decreto-lei 1.202, de 8.4.1939, ao dispor sobre a administração dos Estados e dos Municípios, determinou que os Estados seriam administrados por interventores federais até a realização de um plebiscito nacional, esse, que, como sabido, jamais chegou a ser convocado.

"Com o restabelecimento pleno da federação, por força da promulgação da Constituição de 18.9.1946, o artigo 2º, § 2º, do Decreto-lei 3.365 foi, portanto, implicitamente revogado."[86]

Essa opinião de Fábio Konder Comparato é o único registro que temos de manifestação expressa pela derrogação integral do art. 2º, § 2º, do Decreto-lei n. 3.365/1941, face ao sistema jurídico atualmente vigente.

No mesmo ano de 1995, Carlos Alberto Dabus Maluf, em sua *Teoria e Prática da Desapropriação*, dedicou capítulo específico ao tema da desapropriação de bens públicos.

Na opinião desse Autor, todos os bens públicos são expropriáveis, desde que seja observado o art. 2º, § 2º, do Decreto-lei n. 3.365/1941, que impõe também a necessidade de autorização legislativa.

Em 1996, na 2ª edição de sua obra *Desapropriação*, Manoel de Oliveira Franco Sobrinho manifestou-se sobre o tema ao criticar dispositivo do anteprojeto de lei, divulgado pelo Ministério da Justiça em 1981, que visava revogar o Decreto-lei n. 3.365/1941.

Em sua opinião, a hierarquização do poder expropriatório, da *maior* pessoa pública pela *menor*, estabelecido pelo art. 2º, § 2º, como mecanismo de resolução de conflitos relacionados à desapropriação entre as entidades federativas, é de natureza geopolítica e harmoniza-se com a organização estatal.

O Autor critica a modificação pretendida pelo anteprojeto, que conferia o poder de expropriar quaisquer bens e direitos *horizontalmente*, ou seja, em situação de igualdade e reciprocidade entre União, Estados, Distrito Federal, Municípios e Territórios, porque, em sua opinião, propiciaria conflitos

86. Idem, p. 86.

de poderes, evitados com a *verticalização*, mais compatível com as hierarquias do regime federativo.[87]

Em 1999, a 4ª Turma do Tribunal Regional da 4ª Região negou provimento à Remessa Oficial de Sentença, que havia julgado procedente a ação de indenização por desapropriação indireta proposta pelo INSS contra o Município de Timbó.[88]

Tratou-se, nessa decisão, da ocupação pelo Município de bem autárquico não afetado à atividade administrativa, para abertura de uma rua. O entendimento unânime foi o de que os Municípios não podem desapropriar bens dos Estados ou da União, mas podem desapropriar bens de autarquias federais ou estaduais, não afetados a uma finalidade pública específica.

Nesse mesmo ano, outra decisão da 4ª Turma do Tribunal Regional da 4ª Região negou provimento à Remessa Oficial de Sentença, que havia julgado procedente mandado de segurança impetrado pela União contra ato do Prefeito Municipal de Foz do Iguaçu, que, sem autorização, iniciou obras para implantação do respectivo plano diretor sobre terras devolutas da faixa de fronteira.[89]

Considerando tratar-se de desapropriação indireta por parte do Município, a decisão foi no sentido de manter a sentença, pois que impossível desapropriação, ainda que direta, na *ordem hierárquica ascendente*.

Ainda no ano de 1999, Carlos Fernando Potyguara Pereira dedicou-se exclusivamente ao tema na obra *A Desapropriação de Bens Públicos à Luz da Doutrina e da Jurisprudência*, na qual o Autor apresenta respostas a dez indagações de grande divergência acerca da desapropriação de bens públicos, tanto no âmbito doutrinário quanto jurisprudencial.

Para tanto, o Autor examina as diversas teorias acerca da natureza jurídica da desapropriação e do fundamento do poder expropriatório, o regime jurídico dos bens públicos e a constitucionalidade ou não da legislação referente à desapropriação de bens públicos face ao princípio federativo.

Nas respostas a essas indagações, o Autor posiciona-se pela expropriabilidade dos bens públicos dominicais, não só em ordem distinta da escala expropriatória estabelecida pelo art. 2º, § 2º, do Decreto-lei n. 3.365/ 1941, como também quando promovida por pessoas políticas de mesma escala federativa.[90]

---

87. Ob. cit., p. 247.
88. Remessa *ex officio* 96.04.31919-1-SC, j. 6.4.1999, rel. Juiz Antônio Albino Ramos de Oliveira, *Revista Interesse Público* 10/22.
89. Remessa *ex officio* 97.04.20983-5-PR, j. 25.5.1999, rel. Juiz Antônio Albino Ramos de Oliveira, *Revista Interesse Público* 3/184.
90. Na interpretação do Autor, o § 2º do art. 2º do Decreto-lei n. 3.365/1941 refere-se apenas aos bens públicos de uso comum e especial (pp. 92-96).

Quanto à desapropriação das demais categorias de bens públicos, deve ser respeitada a escala expropriatória estabelecida no art. 2º, § 2º, do Decreto-lei n. 3.365/1941, a qual se justifica, na opinião do Autor, em razão da maior abrangência do interesse da União com relação aos Estados e municípios e da maior abrangência do interesse dos Estados com relação aos municípios.

Para ele, prestigiando-se o interesse de maior abrangência, propicia-se a que se atinja melhor a função social da propriedade,[91] que, em sua opinião, é a teoria que melhor explica a natureza jurídica do instituto da desapropriação.[92]

Sua conclusão, portanto, é a de que o art. 2º, § 2º, do Decreto-lei n. 3.365/1941, deve ser interpretado como referente apenas aos bens de uso comum e especial, aplicando-se, nesses casos, a escala expropriatória nele prevista, fundada na hierarquia de abrangência dos interesses representados pela União, Estados e Municípios.

No que se refere à desapropriação de bens pertencentes às autarquias e às concessionárias de serviço público, da mesma forma, não é possível inverter a ordem da escala hierárquica, salvo se a desapropriação recair sobre bem dominical.

Em 2000, José Carlos de Moraes Salles, na 4ª edição de sua obra *A Desapropriação à Luz da Doutrina e Jurisprudência*, posiciona-se pela possibilidade de desapropriação de bens públicos, apenas nos termos estabelecidos no art. 2º, § 2º, do Decreto-lei 3.365/1941, o qual estaria fundamentado no "princípio da predominância do interesse".[93]

A desapropriação entre entidades de mesma escala federativa não seria possível, na opinião do Autor, uma vez que, as entidades envolvidas estariam, "em posição de absoluta igualdade na escala hierárquica fixada pela Carta Magna para as entidades políticas da Federação Brasileira".[94]

Para esse Autor, todos os bens públicos são suscetíveis de desapropriação, inclusive os de uso comum e especial.[95]

Quanto à desapropriação de bens de autarquias, entidades paraestatais, concessionários e demais delegados de serviço público, a desapropriação de acordo com a escala expropriatória do art. 2º, § 2º, do Decreto-lei n. 3.365/1941, é possível, independentemente de autorização legislativa, ressalvan-

91. Ob. cit., p. 80.
92. Idem, p. 79.
93. Ob. cit., p. 136.
94. Idem, p. 140.
95. Idem, p. 139.

do-se apenas os bens afetos ao serviço público, para a desapropriação dos quais seria necessária a autorização da entidade superior que os instituiu e delegou.[96]

Em 2001, a 2ª Câmara de Direito Público do Tribunal de Justiça do Estado de São Paulo rejeitou embargos infringentes opostos contra decisão que havia admitido a desapropriação de bem da Companhia de Entreposto e Armazéns Gerais de São Paulo – CEAGESP, sociedade de economia mista exploradora de atividade econômica,[97] pelo Município de Marília.

O fundamento da decisão foi o de que os bens das empresas estatais são, por força do art. 173 da Constituição Federal, regidos pelo direito privado, razão pela qual não estão imunes à desapropriação.

---

96. Idem, p. 142.
97. EInf 170.803-5/3-02, j. 26.6.2001, rel. Des. Alves Bevilacqua, *Revista Interesse Público* 11/306.

Parte III
EXAME DOS PROBLEMAS À LUZ DO PRINCÍPIO FEDERATIVO

Esta parte do trabalho destina-se ao exame dos problemas identificados na Parte II à luz do princípio federativo, cujo conteúdo jurídico foi exposto na Parte I, mas, também, com o auxílio de outros instrumentos teóricos, em especial, de noções básicas relacionadas ao instituto expropriatório, tais como seu fundamento, finalidade e natureza jurídica, e aos bens públicos, tais como sua função, classificação e regime jurídico.

Para nós, as questões identificadas na Parte II estão relacionadas a três problemas principais, de onde se desdobram todos os demais, quais sejam, a possibilidade jurídica ou não de exercício do poder expropriatório entre entidades federativas, as condições e critérios que devem ser observados para a promoção da desapropriação de bens públicos e, por fim, a extensão ou não do tratamento jurídico aplicável às entidades federativas às pessoas administrativas de direito público e privado ligadas às entidades federativas.

As respostas que oferecemos a essas questões compõem a estrutura de exposição de nossa proposta de tratamento jurídico aplicável para a disciplina de problemas relacionados à "desapropriação de bens públicos".

Para tanto, esta parte do trabalho é composta por mais três capítulos.

O Capítulo 4 destina-se à demonstração da admissão jurídica da possibilidade de exercício do poder expropriatório entre as entidades federativas. Iniciamos com a exposição acerca do *fundamento do poder expropriatório*, para o fim de demonstrar que a situação jurídica cuja configuração constitui pressuposto para o exercício do poder expropriatório também é passível de se reproduzir entre as entidades federativas. Para tanto, fez-se necessário tecer ainda algumas considerações acerca do *conceito de interesse público e da diferença entre interesses públicos primários e secundários*; depois, passamos à demonstração de que a admissão jurídica dessa possibilidade de exercício de poder expropriatório entre as entidades federativas, se legitimamente exercida, não compromete a *autonomia recíproca* e o *equilíbrio federativo*, conquanto tais diretrizes, integrantes do conteúdo jurídico do princípio federativo, apontem para a necessidade de que essa prerrogativa esteja sujeita a algumas condições e critérios; e, ao final, falamos acerca da desnecessidade de expressa previsão infraconstitucional para autorizar o exercício de poder expropriatório entre as entidades federativas, o que possibilita outras modalidades de desapropriação de bens públicos que não a prevista no § 2º do art. 2º do Decreto-lei n. 3.365/1941, o qual deve ser interpretado restritivamente, sob pena de invalidade.

No Capítulo 5, tratamos das condições que devem ser observadas para legitimar o exercício de poder expropriatório entre as entidades federativas, que são: uma condição subjetiva, uma condição objetiva e uma condição relacionada à finalidade do instituto expropriatório, que batizamos de condição *finalística*, a qual, em nossa opinião, oferece critério capaz de solucionar todos os problemas jurídicos relacionados à desapropriação de bens públicos.

No Capítulo 6, por fim, falamos acerca da extensão ou não do mesmo tratamento jurídico proposto nos Capítulos 4 e 5 às pessoas administrativas dotadas de personalidade jurídica de direito público e de direito privado, tanto nas hipóteses em que figurem no pólo ativo da desapropriação, quando tal é possível, quanto nas hipóteses em que figurem no pólo passivo da desapropriação.

Capítulo 4
A POSSIBILIDADE JURÍDICA DE EXERCÍCIO DO PODER EXPROPRIATÓRIO ENTRE AS ENTIDADES FEDERATIVAS

1. A situação jurídica que autoriza o exercício do poder expropriatório também pode se configurar entre as entidades federativas. 2. A compatibilidade do exercício do poder expropriatório entre as entidades federativas com a "autonomia recíproca" e o "equilíbrio federativo". 3. A desnecessidade de expressa previsão infraconstitucional para autorizar o exercício de poder expropriatório entre as entidades federativas.

Conforme visto no panorama exposto no Capítulo 3, a doutrina e a jurisprudência anteriores à edição do Decreto-lei 3.365/1941 já admitiam a possibilidade de exercício do poder expropriatório entre entidades federativas, embora se deva registrar que, para a admissão dessa possibilidade, o pensamento jurídico da época não examinou o delicado relacionamento entre as entidades federativas com a profundidade que julgamos ser merecida.

A edição do Decreto-lei 3.365/1941, cujo art. 2º, § 2º, expressamente autoriza a desapropriação de bens públicos entre entidades de distinto escalão federativo, mediante a observação de uma escala expropriatória descendente entre União, Estados e Municípios, reforçou esse entendimento, que permanece amplamente dominante até os dias de hoje.

Contudo, embora largamente predominante, esse entendimento não é unânime: Fábio Konder Comparato, cuja opinião é o único registro encontrado de entendimento discrepante, posiciona-se contrariamente à possibilidade de exercício do poder expropriatório entre entidades federativas, em qualquer modalidade, sob quaisquer condições.[1]

Embora discordemos desse entendimento do Autor quanto à impossibilidade jurídica *absoluta* de exercício de poder expropriatório entre as enti-

---

1. Cf. "Pareceres – Princípio federal – Bens estaduais não podem ser desapropriados – Caso Banespa", *RTDP* 11/82.

dades federativas, gostaríamos de registrar o especial apreço que temos pela análise por ele empreendida: não só porque ao rebater seus argumentos é que solidificamos nossa posição acerca da possibilidade jurídica de exercício expropriatório entre as entidades federativas, mas, também, porque, assim como nós, o Autor considera que a questão da desapropriação de bens públicos só pode ser integralmente visualizada e compreendida à luz do princípio federativo.

Pois bem. A principal razão pela qual discordamos do entendimento do Autor citado decorre de uma das premissas por ele adotadas.

Para Fábio Konder Comparato, o fundamento jurídico do poder expropriatório relaciona-se a qualidades inerentes ao *sujeito* promotor da desapropriação; para nós, o fundamento jurídico do poder expropriatório relaciona-se a qualidades inerentes ao *interesse* que será atendido com a desapropriação.

Por essa razão, diferentemente do Autor, cremos que admitir a possibilidade de exercício de poder expropriatório entre as entidades federativas não implica o reconhecimento de que exista uma desigualdade jurídica *entre elas* – o que, e nisso concordamos com ele, não seria admitido pelo princípio federativo –, mas, implica, isso sim, o reconhecimento de que possa se configurar uma desigualdade jurídica *entre os interesses por elas representados*.

Além desse, o outro motivo pelo qual discordamos do posicionamento de Fábio Konder Comparato é que o exercício de poder expropriatório entre as entidades federativas, admitido apenas quando se configure um desequilíbrio entre os interesses postos a cargo dessas entidades e sujeito à observação de algumas condições, não afronta a *autonomia* e o *equilíbrio*, que devem caracterizar suas relações.

Assim, para o fim de demonstrar a possibilidade jurídica de exercício do poder expropriatório, que é o objetivo deste capítulo, passamos a rebater os fortes argumentos do Autor acima citado e, depois, a demonstrar que o exercício dessa prerrogativa entre as entidades federativas independe de expressa previsão infraconstitucional, o que possibilitaria outras modalidades de desapropriação que não a prevista no art. 2º, § 2º, do Decreto-lei n. 3.365/ 1941, cuja dicção deve ser interpretada restritivamente, sob pena de invalidade.

1. A situação jurídica que autoriza o exercício do poder expropriatório também pode se configurar entre as entidades federativas

A fim de demonstrar que a situação jurídica que justifica e autoriza o exercício do poder expropriatório também é passível de se reproduzir entre as entidades federativas, faz-se necessário expor o que, para nós, constitui o *fundamento jurídico do poder expropriatório*.

Sob o rótulo de *fundamento jurídico do poder expropriatório*, encontram-se considerações que se referem tanto à autorização jurídica específica para o exercício desse poder quanto ao pressuposto jurídico que o justifica.

As teorias que se referem ao pressuposto jurídico que justifica o poder expropriatório podem ser dividas em dois grupos, de acordo com o aspecto dos poderes estatais que privilegiam: de um lado, as teorias que destacam o *aspecto subjetivo* e relacionam o poder expropriatório com a qualidade soberana do Estado, dentre as quais incluímos a *Teoria do Domínio Eminente* e a *Teoria da Supremacia do Ente Público sobre os demais Sujeitos*, que vislumbra na desigualdade jurídica entre os sujeitos envolvidos a situação que legitima o poder expropriatório; e, de outro lado, as teorias que destacam a *finalidade* e relacionam o poder expropriatório com a qualidade dos interesses visados pela desapropriação, dentre as quais incluímos a *Teoria da Função Social da Propriedade* e a *Teoria da Supremacia do Interesse Público sobre o Privado*, também denominada por alguns de *Teoria dos Interesses Prevalentes*, que vislumbra na desigualdade jurídica entre os interesses contrapostos a situação jurídica cuja configuração legitima o poder expropriatório.[2]

A denominada *Teoria do Domínio Eminente* atribui o poder de expropriar ao domínio eminente que o Estado possui sobre as coisas localizadas em seu território. Ao menos em sua formulação original,[3] o domínio eminente era apresentado como poder inerente à condição imperial do Estado (à época, absolutista) e originário de um direito primitivo da comunidade sobre a propriedade, o qual teria sido transferido ao Estado por força de um pacto social.

Com o surgimento do Estado Moderno, a idéia de que o vínculo do Estado com seu território corresponde a uma relação dominial foi substituí-

---

2. Não nos preocupamos em enumerar os diversos nomes atribuídos a essas teorias, porquanto consideramos ser mais relevante, para os fins do presente trabalho, destacar apenas os distintos enfoques que atribuem ao fundamento do poder expropriatório, além do que os Autores atribuem, rótulos diferentes para as mesmas realidades. De qualquer modo, Seabra Fagundes (*Da Desapropriação no Direito Brasileiro*, p. 15) enumera as seguintes teorias, as quais, advirta-se, não se referem todas ao fundamento jurídico do poder expropriatório: a Coletivista, a do Domínio Eminente, a do Pacto Social, a da Colisão de Direitos ou Prevalência do Interesse Público sobre o Privado e a da Função Social da Propriedade.

3. A formulação original da teoria remonta à primeira metade do século XVII e é atribuída a Hugo Grotius, teórico do Absolutismo e representante da Escola do Direito Natural. Essa teoria foi posteriormente desenvolvida por outros tratadistas como Puffendor e Hobbes.

da pela noção de relação de soberania, conforme noticia Ildefonso Mascarenhas da Silva: "É especialmente característica da organização feudal a confusão de soberania com a propriedade e, por conseguinte, do Direito público com o Direito privado; daí o Estado patrimonial. Essa fase foi superada com a constituição do Estado Moderno, e só ficaram alguns vestígios na Inglaterra, onde ainda perdura a idéia feudal de que o Estado tem uma espécie de domínio eminente sobre o Território (*Filosofia del Derecho*, trad. Lavalle y Olasso, Lima, 1909, p. 146)".[4]

Rui Barbosa, citado por J. Cretella Jr., refere-se a essa nova roupagem da *Teoria do Domínio Eminente* nos seguintes termos: "O domínio eminente do Estado, aqui entendido, vai, não no sentido que lhe atribuía o direito feudal, senão no de que ao Estado sobre o seu território lhe cabe, além do direito de legislação, jurisdição, administração, política, mais o de dele dispor nas relações de direito público, com exclusão dos outros Estados".[5]

Contudo, a substituição da idéia de domínio pela idéia de soberania, bem como a consideração de que o poder de desapropriar deriva da lei e não de um fictício pacto social atenuam o caráter eminentemente político dessa teoria e a tornam mais compatível com a noção de Estado de Direito, mas, dela, não retiram o que em nossa opinião constitui sua pior qualidade: acentuar demasiadamente o aspecto *subjetivo* do poder expropriatório, fazendo parecer que a força capaz de provocar o exercício desse poder advém da qualidade soberana *do Estado*, em *si* mesmo considerado.

O mesmo se diga da teoria que aponta como fundamento jurídico do poder expropriatório a *supremacia jurídica do ente estatal sobre os demais sujeitos*, de acordo com a qual o exercício do poder expropriatório dependeria da configuração de uma situação de desequilíbrio jurídico entre os *sujeitos* envolvidos na desapropriação, teoria que é adotada, por exemplo, por Sérgio Ferraz[6] e Fábio Konder Comparato,[7] conforme se nota, respectivamente, dos trechos abaixo transcritos:

"Sob o ponto-de-vista subjetivo, portanto, o pólo ativo da faculdade expropriatória só pode configurar-se quando exista entre seu exercente, e o titular do bem expropriando, uma posição de ascendência jurídica, em terreno de avaliação da utilidade ou necessidade dos interesses públicos."

"O poder de desapropriar – nunca é demais repetir – pertence ao conjunto das prerrogativas de *imperium* do Poder Público, ou seja, de sua supremacia em relação aos sujeitos privados."

---

4. *Desapropriação por Necessidade e Utilidade Pública*, p. 24.
5. *Tratado Geral da Desapropriação*, p. 39.
6. "Desapropriação de bens públicos", cit., p. 26.
7. "Pareceres – Princípio federal...", cit., p. 85.

Assim, qualquer teoria acerca do fundamento jurídico do poder expropriatório deve destacar, em primeiro lugar, que *supremo é o interesse público* e não o sujeito incumbido de promovê-lo e, com isso, ressaltar o caráter instrumental desse *poder-dever*, atribuído ao Estado *em razão* de sua condição de administrador do interesse coletivo, e exercido de acordo com *limites* de Direito.

Confira-se o que a esse respeito diz Celso Antônio Bandeira de Mello: "Com efeito: a prerrogativa expropriatória, como quaisquer outras que assistem ao poder público, não lhe são deferidas pela ordem jurídica como homenagem a uma condição soberana, mas como instrumento, como meio ou veículo de satisfação de interesses, estes sim, qualificados na ordenação normativa como merecedores de especial proteção".[8]

E, continua: "somente a supremacia de um interesse sobre outro, isto é, o desequilíbrio entre duas ordens de interesses pode autorizar a deflagração da desapropriação, posto que esta se inspira, justamente, na necessidade de fazer preponderar um interesse maior sobre um interesse menor. *Não é na condição jurídica do sujeito, em si mesmo considerado, mas no nível de interesses a seu cargo que se buscará o aval legitimador do exercício expropriatório*" (destaques nossos).

São, portanto, melhores, ao menos sob esse aspecto, as teorias que deslocam a tônica da discussão do *sujeito* que promove a desapropriação para a *finalidade* por ela visada. Alocamos nessa categoria a *Teoria da Função Social da Propriedade* e a teoria que vislumbra na *desigualdade dos interesses contrapostos* a situação jurídica que legitima o poder expropriatório, denominada de *Teoria da Supremacia do Interesse Público sobre o Privado* ou *Teoria dos Interesses Prevalentes*.

A encampação jurídica da *Teoria da Função Social da Propriedade*, inicialmente formulada em bases estritamente morais,[9] provocou a inclusão de deveres de cunho positivo entre os deveres e poderes inerentes ao direito de propriedade.

Léon Duguit chegou até mesmo a defender a idéia bastante controvertida de que, com o reconhecimento jurídico da função social da propriedade, o direito de propriedade já não seria mais um direito subjetivo do proprietário, mas, sim, uma função social a ser cumprida, conforme consta do seguinte trecho, citado por Clóvis Beznos: "Pero la propiedad no es un derecho; es una función social. El propietario, es decir, el poseedor de una riqueza tiene,

---

8. "Desapropriação de bem público", cit., p. 61.
9. É atribuída a Santo Tomás de Aquino a condição de precursor dessa teoria, ou, pelo menos, da idéia que lhe serve de base, qual seja, a de que *as coisas que possuímos com superabundância são devidas, pelo direito natural, ao sustento dos pobres*.

por ese hecho de poseer esta riqueza, una función social que cumplir; mientras cumple esta misión sus actos de propietario están protegidos. Si no la cumple o la cumple mal, si por ejemplo no cultiva su tierra o deja arruinarse su casa, la intervención de los gobernantes es legítima para obligarle a cumplir su función social de propietario, que consiste en asegurar el empleo de las riquezas que posee conforme a su destino".[10-11]

Pois bem. Os que encontram na *Teoria da Função Social da Propriedade* o fundamento jurídico da desapropriação consideram que a sujeição à desapropriação seria um desses deveres inerentes ao direito de propriedade, como decorrência do reconhecimento jurídico de sua função social.

Discordamos desse entendimento porque consideramos que a sujeição à desapropriação não faz parte dos deveres que integram o conteúdo jurídico do direito de propriedade, para o fim de conciliar o exercício desse direito com o interesse social, tais como são os deveres decorrentes das denominadas *limitações administrativas à propriedade*.

Com efeito, configura-se na relação de desapropriação situação jurídica bastante distinta daquela em que o proprietário se vê obrigado a observar limitações à sua propriedade, essas sim, correspondentes a deveres que são inerentes ao próprio direito de propriedade, conforme observa Celso Antônio Bandeira de Mello: "Convém desde logo observar que não se deve confundir liberdade e propriedade com *direito de liberdade* e *direito de propriedade*. Estes últimos são as expressões daquelas, porém tal como admitidas em um dado sistema normativo. Por isso, rigorosamente falando, não há limitações *administrativas* ao *direito* de liberdade e ao *direito* de propriedade – é a brilhante observação de Alessi –, uma vez que estas simplesmente integram o desenho do próprio perfil do direito. São elas, na verdade, a fisionomia normativa dele. Há, isto sim, limitações à liberdade e à propriedade".[12]

Os deveres relacionados ao uso da propriedade definem a própria compostura do direito de propriedade, como dito, integram o desenho do próprio perfil do direito para o fim de conciliar seu exercício com o bem-estar social.

Já a desapropriação ocorre quando é impossível essa conciliação, ou seja, quando para a promoção do bem-estar social é necessário privar alguém de um bem, o que é coisa bastante distinta de sujeitar esse alguém a suportar ou cumprir algumas condições relacionada ao uso de seu bem, as quais são impostas à generalidade dos proprietários.

---

10. "Desapropriação", p. 110.
11. Mas, embora a discussão acerca da *Teoria da Função Social* nos desperte forte interesse, cumpre-nos destacá-la, agora, apenas na medida em que utilizada como justificativa jurídica para existência do poder expropriatório.
12. *Curso de Direito Administrativo*, p. 754.

Confira-se o que a esse respeito diz Pasquale Carugno: "È troppo notevole la differenza fra il caso in cui si vuol vietare un certo modo di esercizio del diritto, al che basterebbero norme di polizia, e il caso in cui s'intende invece farne un uso *diverso* da quello qui converrebbe al suo titolare, questo intendimento si attua eliminando uno dei termini del conflitto, sacrificando cioè l'interesse minore. Ma ciò presuppone l'esercizio di un potere pubblico che faccia tacere e sottometta l'interesse individuale risolvendo in questo modo l'antitesi".[13]

Com efeito, embora seja socialmente beneficiado pela existência do instituto expropriatório, o sujeito passivo de uma desapropriação é individualmente onerado pela desapropriação de seu bem: seu direito de propriedade é sacrificado em benefício da coletividade da qual faz parte.

Há, portanto, verdadeiro sacrifício de direito, e não mero delineamento social de seu conteúdo jurídico, diferença que implica importantes repercussões patrimoniais, conforme observa, novamente, Pasquale Carugno: "Se si ha riguardo a dunque al contenuto dell'espropriazione e al modo in cui essa viene attuata è giusto affermare che al singolo è richiesto un sacrificio del tutto particolare, che lo pone in una condizione differente da quella degli altri cittadine. Fra questo soggetto e l'autorità pubblica viene inoltre a costituirsi un rapporto di natura diversa da quello che può intercedere tra proprietario e proprietario: il diritto che l'espropriato vantava sulla cosa viene soppresso pel vantaggio della comunanza e sostituito da un altro diritto: un diritto all'indennità".[14]

Além disso, reputamos ser inconveniente atribuir o fundamento do poder expropriatório ao reconhecimento jurídico da função social da propriedade porque cada ordenamento jurídico tem sua própria noção jurídica de função social da propriedade,[15] que nem sempre é suficiente para explicar todos os motivos que justificam as distintas modalidades de desapropriação.

No nosso ordenamento, por exemplo, a propriedade, ainda que utilizada individualmente, pode desempenhar sua função social de forma que essa noção não sirva para explicar os casos de desapropriação por utilidade pública, passível de recair sobre bens que desempenhem sua função social.

13. *L'espropriazione per pubblica utilità*, 1960, p. 4.
14. Idem, p. 14.
15. No nosso caso, por exemplo, deve-se pensar se o que reconhece nosso ordenamento jurídico, de perfil capitalista, não seria apenas a função social *do direito* de propriedade, cujo exercício deve ser compatível com o interesse social, e não, propriamente, a função social *da propriedade*, porquanto, embora proclame, nossa Constituição é tímida em desenvolver o direito à propriedade. A esse respeito, consulte-se Carlos Ayres Britto, "Direito de propriedade", *RDP* 91/44.

Para explicar esses casos, não resolveria – ao contrário tornaria a teoria ainda mais inconveniente –, admitir que a função social da propriedade deva ser entendida de acordo com um conceito mais amplo do que o que lhe confere nosso ordenamento jurídico, porquanto teríamos a dificuldade de explicar de onde viriam as balizas para esse conceito e qual sua fonte de legitimidade.

Pelo exposto, já se é de notar que nos inclinamos para o lado daqueles que atribuem a força expropriatória à *desigualdade jurídica dos interesses contrapostos*. Ressalte-se, contudo, que a supremacia do interesse público sobre o privado não é a única desigualdade apta a desencadear a força expropriatória.

Com efeito, as teorias que se propõem a explicar o fundamento do poder expropriatório foram concebidas para contemplar o que constitui a imensa maioria dos casos de desapropriação, ou seja, os que atingem bens privados, razão pela qual os interesses desiguais em geral considerados são um interesse público e um interesse privado.

Mas, como dito, não é só entre os interesses público e privado que se pode configurar uma situação de desigualdade jurídica. Isto porque, do ponto de vista jurídico-formal, há desigualdade entre interesses quando um deles é melhor qualificado pela ordem jurídica e, do ponto de vista jurídico-material, há desigualdade entre interesses quando um deles for capaz de proporcionar *maior benefício social*, pois que por meio dele poder-se-á atingir a finalidade dessa desigualdade: *a promoção do bem estar social*.

Ou seja, *a supremacia de um interesse com relação a outro se justifica na medida em que o interesse preponderante propicie maior benefício social que o outro, porquanto a superação de interesses legítimos deve-se à necessidade de prover o bem estar social, sendo essa a razão pela qual esse interesse merece tratamento jurídico privilegiado*.

Por essa razão, não é difícil imaginar que mesmo entre os interesses públicos possa se configurar essa desigualdade jurídica que constitui pressuposto para o desencadeamento da força expropriatória: basta que, entre os dois interesses públicos em conflito, um seja capaz de oferecer maior benefício social que outro, para que o primeiro deva prevalecer sobre o segundo.

E, nesse ponto, antes de prosseguirmos com o raciocínio, faz-se necessária alguma digressão acerca do *conceito de interesse público* e da *distinção entre interesses públicos primários e secundários*.

Para Celso Antônio Bandeira de Mello,[16] o conceito de interesse público não deve acentuar o falso antagonismo entre o interesse do todo e o inte-

---

16. *Curso de Direito Administrativo*, 19ª ed., 2005, pp. 48 e ss.

resse das partes que o compõem, por meio do qual se promove a idéia equivocada de que o interesse do todo seria um interesse autônomo, desvinculado do interesse das partes.

Com efeito, os indivíduos que compõem uma coletividade possuem interesses que lhes são particulares e, também, interesses que são comuns com os demais membros dessa coletividade.

Esses interesses juridicamente protegidos, que os indivíduos partícipes de uma sociedade têm em comum com os demais indivíduos que dela fazem parte, é que são os *interesses públicos*, propriamente ditos, os quais têm os próprios cidadãos como sujeitos.

Confira-se as palavras do Mestre acerca do conceito de *interesse público* e das conseqüências jurídicas atreladas a esse conceito:

"*Donde, o interesse público deve ser conceituado como o interesse resultante do conjunto dos interesses que os indivíduos **pessoalmente** têm quando considerados **em sua qualidade de membros da Sociedade e pelo simples fato de o serem**.*

"Qual a importância destas observações, por via das quais buscou-se firmar que o interesse público é uma faceta dos interesses individuais, sua faceta coletiva, e, pois, que é, também, indiscutivelmente, um interesse dos vários membros do corpo social – e não apenas o interesse de um todo abstrato, concebido desligadamente dos interesses de cada qual?

"Sua extrema importância reside em um duplo aspecto; a saber:

"(a) De um lado, enseja mais facilmente desmascarar o mito de que interesses qualificados como públicos são insuscetíveis de serem defendidos por particulares (salvo em ação popular ou civil pública) mesmo quando seu desatendimento produz agravo pessoalmente sofrido pelo administrado, *pois aniquila o pretenso calço teórico que o arrimaria: a indevida suposição de que os particulares são estranhos a tais interesses*, isto é: o errôneo entendimento de que as normas que os contemplam foram editadas em atenção a interesses coletivos, que não lhes diriam respeito, por irrelatos a interesses individuais.

"(b) De outro lado, mitigando a falsa desvinculação absoluta entre uns e outros, adverte contra o equívoco ainda pior – e, ademais, freqüente entre nós – de supor que, sendo os interesses públicos interesses do Estado, todo e qualquer interesse do Estado (e demais pessoas de Direito Público) seria *ipso facto* um interesse público. Trazendo à baila a circunstância de que tais sujeitos são apenas depositários de um interesse que, na verdade, conforme dantes se averbou, é o 'resultante do conjunto dos interesses que os indivíduos pessoalmente têm quando considerados em sua qualidade de membros da Sociedade', permite admitir que na pessoa estatal podem se encarnar, também, interesses que não possuam a feição indicada como própria dos interesses públicos."[17]

Ora, diz-se que o Estado exerce *função* justamente porque atua em nome de *interesses alheios*. E esses interesses alheios, em nome dos quais o Estado atua, são precisamente os interesses públicos, *cujos sujeitos são os próprios indivíduos, em sua condição de partícipes de uma sociedade*.

Acerca da vinculação do conceito de função com a atuação em benefício de *interesse alheio*, vale reproduzir o que diz Celso Antônio Bandeira de Mello: "Existe função quando alguém está investido no dever de satisfazer dadas finalidades em prol do *interesse de outrem*, necessitando, para tanto, manejar os poderes requeridos para supri-las".[18]

Não se deve confundir, portanto, *interesses públicos*, que têm como sujeitos os indivíduos componentes de uma sociedade, com os *interesses individuais da organização estatal*, que têm como sujeitos essas organizações, as quais, do ponto de vista de seu *sujeito*, não são consideradas interesses públicos, propriamente ditos.

Para separar por nome esses interesses públicos, propriamente ditos, dos interesses estatais é que se qualificam os primeiros como *interesses públicos primários* e os segundos como *interesses públicos secundários*, conforme Renato Alessi: "Questi interessi pubblici, collettivi, dei quali l'amministrazione deve curare il soddisfacimento, non sono, si noti bene, semplicemente l'interesse dell'amministrazione intesa come soggetto giuridico a se stante, sebbene quello che è stato chiamato l'interesse collettivo primario, formato dal complesso degli interessi individuali prevalenti in una determinata organizzazione giuridica della collettività, mentre l'interesse del soggetto amministrativo è semplicemente uno degli interessi secondari che si fanno sentire in seno alla collettività, e che possono essere realizzati soltanto in caso di coincidenza, e nei limiti di siffatta coincidenza, con l'interesse collettivo primario".[19]

Concordamos integralmente. Advirta-se, contudo, que a qualificação desses interesses estatais como interesses *públicos*, ainda que secundários, não constitui simples impropriedade técnica, mas decorre da adoção de outro critério, que não o do sujeito do interesse, para qualificar um interesse como *público*, qual seja, o critério da finalidade do interesse ou, em outras palavras, o da relação desse interesse com o proveito público: a relação de administração, a que tanto se refere Ruy Cirne Lima.

17. Idem, pp. 51-52.
18. Idem, p. 62.
19. *Sistema istituzionale di diritto amministrativo italiano*, p. 151.

Confira-se o que diz a esse respeito Francesco Carnelutti, que foi o precursor dessa distinção entre interesse público primário e secundário: *"Qui però conviene tener presente la distinzione tra interessi immediati e interessi mediati, quale fu delineata più sopra e, in ordine ad essa, osservare che interessi individuali possono essere mediati rispetto a interessi collettivi nel senso che* il godimento di beni atti soltanto ad essere goduti da uno o più individui del gruppo ma non da tutti *può costituire il mezzo per la soddisfazione di veri interessi collettivi.* Questo si spiega quando si pensi che allo svolgimento di un interesse collettivo può occorrere, come mezzo, il godimento di cose o di energie umane da parte di coloro, che, provvedendo allo svolgimento dell'interesse medesimo, fungono come organi del gruppo. Così l'interesse collettivo della difesa del territorio richieda soldati, caserme, armi, equipaggiamenti; l'interesse collettivo della amministrazione della giustizia giudici, cancellieri, uscieri, edifici, mobili, libri; l'interesse collettivo della viabilità operai, attrezzi, macchine; le energie dei soldati, dei giudici, degli operai, le caserme, le armi, i mobili, le macchine non sono beni goduti collettivamente, ma non sono neanche beni goduti dagli individui per la soddisfazione dei loro bisogni, sebbene per procurare ai membri del gruppo la soddisfazione di altri bisogni. Qui vi è una distinzione tra la modalità e la finalità del godimento, onde deriva un *genus tertium* tra il godimento *uti singuli* e il godimento uti universi, che si potrebbe chiamare il godimento dei singoli come organi oppure (seguendo la tendenza a vedere nell'organo la espressione unitaria del gruppo) il godimento della *universitas* o della *civitas* in contrapposto al godimento *uti universi* o *uti cives. Qui vi sono perciò interessi individuali nella modalità e colletti nella finalità, dei quali è bene, che sia precisata la nozione accanto a quella degli interessi individuali e degli interessi collettivi; potrebbero chiamarsi interessi collettivi mediati o secondari*" (destaques nossos).[20]

De acordo com o critério da finalidade do interesse, mesmo os interesses individuais do Estado também devem ser qualificados como interesses *públicos*, ainda que secundários, já que, assim como os primários, visam ao interesse público e, nessa medida, a eles se relacionam, ainda que de forma indireta ou instrumental.

Tal raciocínio decorre da adoção do pressuposto de que o Estado só existe, e foi assim concebido, para a realização dos interesses públicos primários, razão pela qual os seus próprios interesses *devem estar* relacionados, em alguma medida, àqueles em função dos quais foi concebido.

20. *Sistema di diritto processuale civile*, vol. 1, p. 11.

Em nossa opinião, os interesses públicos secundários são sempre instrumentais com relação aos interesses públicos primários, ainda que a intensidade dessa relação possa variar.[21]

Essa variação de intensidade do grau de ligação dos interesses públicos secundários com os interesses públicos primários pode ser ilustrada com a diferença entre os denominados bens de uso especial e os denominados bens dominicais: enquanto os últimos se relacionam com os interesses públicos primários apenas porque deles o Estado pode auferir algum benefício econômico, ou, simplesmente, porque integram o patrimônio estatal, os primeiros se relacionam de forma mais direta com os interesses públicos primários, porque servem de instrumento para a realização de atividades realizadas em proveito desses interesses.

Assim, considerando-se o benefício coletivo que são capazes de proporcionar, podemos dizer que *restará configurada a desigualdade jurídica apta a desencadear a força expropriatória quando confrontados interesses públicos primários com interesses públicos secundários e, ainda, quando confrontados interesses secundários que se relacionem aos interesses públicos primários com intensidade distinta.*

Nesse sentido, apontado pelo princípio da supremacia do interesse que proporcione maior benefício coletivo, a desigualdade jurídica apta a desencadear a força expropriatória poderá se configurar mesmo entre interesses púbicos primários, quando entre eles houver um mais abrangente que outro, o que ocorrerá quando confrontados interesses nacionais com interesses regionais e locais, e quando confrontados interesses regionais com interesses locais, porquanto a satisfação do interesse mais abrangente alcançará um número maior de beneficiários. O sentido em que se deve tomar a desigualdade jurídica existente entre esses interesses será melhor esclarecido adiante, no Capítulo 5.

Face ao exposto e para arrematar nossa posição quanto ao fundamento jurídico do poder expropriatório, concluímos que o pressuposto jurídico que justifica a existência do poder expropriatório é o princípio da *supremacia do interesse que proporcione maior benefício social*, que é também a justificativa jurídica de todos os demais poderes administrativos, já que, sendo os

---

21. Os interesses estatais que não sejam instrumentais com relação aos interesses primários não devem, em nossa opinião, ser qualificados nem mesmo como interesses *públicos* secundários. Assim, eventual interesse que o Estado possa ter, por exemplo, em prolongar sua condenação em processos, em, propositalmente, remunerar mal seus funcionários não devem ser qualificados como interesses secundários, porque não se relacionam, em qualquer medida, às funções que devem ser por ele desempenhadas. Tais interesses não *devem* (e aqui falamos do *dever-ser*) sequer existir.

poderes administrativos de caráter instrumental, o exercício desses poderes só se justifica se tiver como finalidade o proveito social.

Quanto à *autorização jurídica específica para o exercício do poder expropriatório*, em nosso ordenamento, encontra-se no art. 5º, XXIV, da Constituição Federal, segundo o qual "a lei estabelecerá o procedimento para desapropriação por necessidade ou utilidade pública, ou por interesse social, mediante justa e prévia indenização em dinheiro, ressalvados os casos previstos na Constituição".

De forma que, mediante a aplicação do princípio da supremacia do interesse que proporcione maior benefício coletivo, caracteriza-se a situação de desigualdade jurídica entre os interesses contrapostos, que é pressuposto para deflagração do poder expropriatório. Mas, o que especifica e qualifica a desigualdade e efetivamente autoriza a deflagração do poder expropriatório é a relação desse interesse com uma *necessidade ou utilidade pública*, relacionada a um determinado bem.

Ressalte-se que esse caráter relacional da desapropriação, que se instaura entre a necessidade ou utilidade pública e um determinado bem, não deve ser olvidado quando se trate de encontrar a resolução para problemas referentes à desapropriação, como são os problemas relacionados ao tema ora abordado.

Portanto, quer estejamos utilizando o rótulo *fundamento jurídico do poder expropriatório* para referir a norma jurídica, mais remota, que justifica esse poder, quer estejamos utilizando esse rótulo para referir a norma que é especificação dessa outra e autoriza o exercício do poder expropriatório, o certo é que, em nossa opinião, *o fundamento jurídico do poder expropriatório em nada se relaciona com as qualidades inerentes ao sujeito que promove a desapropriação*, conforme observa Viveiros de Castro:

"*A causa 'publicae utilitatis' é o verdadeiro poder que determina o acto de desapropriação, diz Scalvanti; o sujeito não é senão o motor desse poder.*

"O elemento subjectivo não tem realmente a menor importância; ainda que os trabalhos sejam directamente executados pelo Estado, *a desapropriação não poderá realizar-se se não for possível provar a publica utilitas, a vantagem de todos*" (destaques nossos).[22]

É por esse motivo que não podemos concordar com a premissa adotada por Fábio Konder Comparato, para quem o fundamento do poder expropriatório é a supremacia do poder público sobre os demais sujeitos,

---

22. "Desapropriação por utilidade publica, segundo a doutrina e a legislação brasileira", *Revista de Direito*, vol. 18, pp. 412-413.

razão pela qual a admissão da possibilidade de exercício do poder expropriatório entre as entidades federativas implicaria o reconhecimento de que existe uma desigualdade jurídica *entre elas*.

Conforme visto, a admissão da possibilidade de exercício do poder expropriatório entre as entidades federativas não implica o reconhecimento de que exista uma desigualdade jurídica *entre elas*, mas, sim, o reconhecimento de que possa se configurar uma desigualdade *entre os interesses por ela representados*.

2. A compatibilidade do exercício do poder expropriatório entre as entidades federativas com a "autonomia recíproca" e o "equilíbrio federativo"

Também discordamos da opinião de Fábio Konder Comparato quanto ao fato de que o exercício de poder expropriatório entre as entidades federativas lhes comprometeria a *autonomia recíproca*.

Isso porque a autonomia de que gozam as entidades federativas, tal como acolhida no sistema jurídico brasileiro, não impede o exercício de poderes de umas sobre as outras.

Um exemplo que comprova a admissão em nosso sistema jurídico da possibilidade de exercício de poderes entre entidades federativas – bastante oportuno porque remete ao paralelo que Fábio Konder Comparato estabelece entre o poder de expropriar e o poder de tributar –, é o da submissão das entidades federativas ao poder de tributar exercido pelas demais, no que se refere às contribuições de melhoria e taxas decorrentes do exercício de poder de polícia e da prestação de serviços públicos (art. 145, II e III, CF).

Mesmo com relação aos impostos, a imunidade conferida pelo art. 150, VI, "a", da Constituição Federal, que é equivocadamente denominada imunidade "tributária", restringe-se aos *impostos sobre o patrimônio, renda e serviços*, uma das outras, e, ainda assim, não se aplicará "ao patrimônio, renda e serviços relacionados com exploração de atividades econômicas regidas pelas normas aplicáveis a empreendimentos privados, ou em que haja contraprestação ou pagamento de preços ou tarifas pelo usuário, nem exoneram o promitente comprador da obrigação de pagar imposto relativamente ao bem imóvel" (cf. § 3º do referido inc. VI, "a", do art. 150, da CF).

Essa é, aliás, uma das razões pelas quais acreditamos que a referida imunidade recíproca não foi instituída como corolário da *autonomia recíproca*, mas, sim, em prol do equilíbrio federativo, na tentativa de evitar o surgimento de conflitos entre as entidades federativas, conforme mencionado no Capítulo 2.

Nesse sentido, confira-se o que diz Aliomar Baleeiro: "Politicamente, a Constituição visa a uma união indestrutível à base da concórdia, do respeito e da solidariedade recíproca. Não seria compatível em seus fins supremos, substancialmente ligados à unidade nacional, preocupação máxima de todos os grandes estadistas brasileiros desde a independência, a interpretação que permitisse aos Estados entre si *retaliações tributárias* como os impostos interestaduais, tão combatidos na primeira República, ou as práticas mais ou menos idênticas que ainda hoje ensombram a vida dos Estados americanos, segundo depoimento de financistas da mais alta circunspeção."[23]

E, mais adiante: "Que quer o art. 31, V, 'a'? Indubitavelmente, que o imposto federal *não anule ou embarace os meios de ação dos Estados e Municípios, para exercício das atribuições da respectiva competência, e reciprocamente*" (destaques nossos).[24]

Outro exemplo que comprova a admissão em nosso sistema jurídico da possibilidade de exercício de poderes entre entidades federativas é a sujeição dos bens dos Estados e da União às limitações administrativas impostas e aplicadas pelos Municípios, em cujo território esses imóveis se localizam.

Confira-se, o que a esse respeito diz Carlos Ari Sundfeld: "Se o Estado-membro pretende construir prédio para simples repartição pública, deve observar as leis municipais sobre zoneamento e construção, sujeitando-se à correspondente fiscalização. É que, de um lado, sua edificação não se distingue, nos aspectos essenciais, dos prédios de escritórios erigidos por particulares e, de outro, o Município tem competência constitucional para regular as construções ordinárias no espaço urbano. As mesmas razões exigem a observância das regras de trânsito pelos veículos públicos. Mas se a União decide a instalação de usina nuclear ou o Estado a edificação de presídio, não devem acatamento a normas municipais de zoneamento e construção".[25]

Assim, os bens da União e dos Estados só não estarão sujeitos às limitações administrativas à propriedade quando a sujeição desses bens a essas limitações administrativas inviabilizarem a satisfação do interesse público ao qual esses bens estão atrelados, o que ocorreria, por exemplo, se os presídios, portos, estradas e usinas nucleares estivessem sujeitos às limitações administrativas à propriedade aplicáveis aos demais bens.

O mesmo se diga acerca das normas de trânsito, que poderão ser desrespeitadas pelos bombeiros, policiais e motoristas de ambulâncias, quando tanto se faça necessário para que se possa apagar um incêndio, capturar um fugitivo ou conduzir um ferido ao hospital.

23. *Limitações Constitucionais ao Poder de Tributar*, p. 81.
24. Idem, p. 83.
25. *Direito Administrativo Ordenador*, p. 22.

É a lição que tiramos da seguinte passagem da autoria de Celso Antônio Bandeira de Mello, que trata da sujeição dos terrenos de marinha aforados ao poder municipal:

"Não há pois fundamento algum – tirante eventual preconceito nascido de reminiscências da concepção da eminência *per se stante* do Poder Real – para se supor que as edificações em marinhas por serem feitas em bens da União possam se subtrair às imposições municipais. Quem haja aforado terrenos de marinha, está, como qualquer outro, se lá pretender edificar, subordinado ao que dispuser o Município. *Óbvio, por outro lado, que prevalecendo o interesse do todo sobre o das partes, se a própria União pretender construir fortificações para defesa da costa, insuscetíveis de serem erigidas, sem prejuízo, em outro local, cederá o interesse municipal ao interesse do País, não prevalecendo na hipótese a legislação edilícia.*

"*Pelo mesmo princípio, a construção de terminais ou embarcadouros, que por imposições técnicas ou econômicas se imponham serem feitas em local certo, sem que possa ser atendida a legislação municipal sobre edificação, é viável, ainda que em desatenção às disposições locais*" (destaques nossos).[26]

Com efeito, conforme exposto no Capítulo 2, a autonomia recíproca de que gozam as entidades federativas faz com que sejam titulares de competências políticas e administrativas próprias e que desempenhem essas competências sem sujeição à subordinação ou controle por parte das demais entidades.

Mas, do exposto no mesmo Capítulo 2, resulta também que a autonomia dessas entidades não é absoluta, pois, se o fosse, não seria autonomia, mas soberania; e, conforme ali visto, a soberania pertence ao todo, não às partes que o compõem.

Assim que, a autonomia de que gozam as entidades federativas deve ser vista no conjunto formado pelas demais diretrizes que compõem o conteúdo jurídico do princípio federativo, entre as quais figura também *a submissão dessas entidades aos fundamentos e objetivos do Estado brasileiro*, pelo qual todo esse modelo de organização federativa objetiva, acima de tudo, a promoção do bem de todos, o desenvolvimento nacional, a erradicação da pobreza e da marginalização, a redução das desigualdades sociais e regionais e a construção de uma sociedade livre, justa e solidária (art. 3º, da CF).

Portanto, a admissão da possibilidade de exercício de poder expropriatório entre as entidades federativas e a submissão dessa possibilidade a algumas condições, que serão referidas logo mais adiante, tem respaldo no

26. "Terrenos de Marinha aforados e o Poder Municipal", *RDP* 88/50-51.

conjunto formado pelas diretrizes que compõem o conteúdo jurídico do princípio federativo, e não na existência de alguma desigualdade jurídica entre elas.

Concordaríamos com a idéia de que a admissão da possibilidade de exercício de poder expropriatório entre as entidades federativas seria contrária ao sentido apontado pelo princípio federativo, caso a admissão dessa possibilidade não estivesse fundada nas próprias diretrizes que integram o conteúdo jurídico desse princípio, mas no reconhecimento de que existe alguma desigualdade jurídica entre elas. Como já visto, porém, e restará melhor esclarecido adiante, não é esse o tratamento jurídico que damos ao tema.

Quanto à opinião de Fábio Konder Comparato, de que a admissão do exercício de poder expropriatório seria causa de discórdia entre as entidades federativas, colocando em risco o equilíbrio federativo, põe-se a difícil questão de a desapropriação de bens públicos ser mesmo a *causa* da discórdia entre as entidades federativas ou de, vista sob outro ângulo, não ser, melhor, a *solução* jurídica do conflito entre elas.

Para o fim de demonstrar que essa questão pode assumir aspectos variados de acordo com o ângulo pelo qual é encarada, vale trazer à colação o seguinte trecho do voto do Ministro Thompson Flores, no julgamento do Mandado de Segurança 19.983, impetrado pelo Estado da Bahia face ao Estado de Pernambuco, mencionado no Capítulo 3: "A paz da Nação, fruto da harmonia dos Estados Federados, todavia, não sei se comprometida pelo Estado requerente ou o requerido. Quem teria turvado o respeito recíproco, atirado a primeira pedra? Quem teria procurado romper o equilíbrio imposto pela Carta Maior?"

E, logo mais adiante, referindo-se ao Estado da Bahia, sujeito passivo da desapropriação decretada pelo Estado de Pernambuco: "Já não poderia buscar, *data venia*, nas normas da Carta Maior, inspiração para atender à pretensão, porque assim fazendo é que estaria rompendo esse equilíbrio".[27]

Lembre-se que, conforme afirmamos já a título introdutório, a desapropriação de um bem público só deve ocorrer quando não se logre um acordo entre as partes, seja para o uso compartilhado do bem, seja para sua transferência amigável. A desapropriação de um bem público deve ser a última alternativa para viabilizar o uso ou a aquisição de um bem que seja imprescindível para a realização de deveres públicos.

Concordaríamos com a opinião de que a admissão da possibilidade de exercício de poder expropriatório entre as entidades federativas comprometeria a *autonomia recíproca* que existe entre elas e o *equilíbrio federativo*,

---

27. Voto proferido no MS 19.983, p. 360.

caso tal possibilidade fosse admitida de forma irrestrita e as entidades federativas pudessem desapropriar reciprocamente os bens umas das outras sem qualquer critério, ou, com base em algum critério fundado no estabelecimento de desigualdades jurídicas entre elas: aí sim, teríamos o comprometimento da autonomia e a destruição do equilíbrio e da confiança, para o que alerta Fábio Konder Comparato.

Mas, repetimos, não é essa a nossa proposta de tratamento jurídico aplicável ao tema.

Com efeito, *não se deve nunca perder de vista que a desapropriação é um instrumento cuja utilização serve ao atendimento de um interesse público, que é justamente a razão de ser do Estado e, claro, das entidades que o compõem, de forma que a interpretação das normas jurídicas deve sempre privilegiar a satisfação do interesse público, sem desprezar os limites a serem observados no relacionamento entre essas entidades.*

Nesse sentido, confira-se o que diz Giunio Sabbatini: "Laonde, quando un interesse pubblico si trovi di fronte a un altro, quando sia constatato la nuova destinazione, che deve subire la cosa appartenente già al pubblico demanio, essere più importante, più utile per la generalità dei cittadini, dell'uso al quale è stata fin'allora vincolata, non ci pare si possa dubitare che l'interesse maggiore debba prevalere al minore, salvo a provvedere poi, se sia possibile, alla conciliazione dei due interessi opposti".[28]

Concluímos, portanto, que a *autonomia recíproca* e o *equilíbrio federativo*, que devem pautar o relacionamento entre as entidades federativas, não impedem o exercício de poder expropriatório entre elas, mas obrigam, isso sim, que, para o exercício legítimo desse poder, sejam observados alguns limites e condições. É o que veremos no Capítulo 5.

3. A desnecessidade de expressa previsão infraconstitucional para autorizar o exercício de poder expropriatório entre as entidades federativas

Entre os Autores que admitem a possibilidade de exercício de poder expropriatório entre as entidades federativas, cuja única exceção, conforme visto, é Fábio Konder Comparato, discute-se se apenas a União poderia desapropriar bens dos Estados e Municípios, e os Estados, bens dos Municípios, conforme expressamente autoriza o § 2º do art. 2º do Decreto-lei n. 3.365/1941, ou se seriam juridicamente aceitáveis outras modalidades de desapropriação de bens públicos, quais sejam, a desapropriação em sentido inverso

---

28. *Comento alle leggi sulle espropriazione per pubblica utilità e sul risanamento*, p. 115.

ao previsto no referido dispositivo legal e a desapropriação entre entidades de mesma escala federativa, ou seja, entre Estados e entre Municípios.

Como só há expressa previsão legal para que a União desaproprie bens dos Estados e Municípios, e os Estados, bens dos Municípios – previsão que deve ser interpretada restritivamente, no sentido de que só venha a ser aplicada quando tais pessoas estejam agindo em nome de interesses públicos primários, pelos motivos que serão indicados no Capítulo 5 –, a discussão a que nos referimos acima está relacionada a uma outra, que se refere à *necessidade ou não de expressa previsão infraconstitucional para autorizar o exercício de poder expropriatório entre as entidades federativas*.

Pois bem. A ampla maioria das opiniões registradas no panorama exposto no Capítulo 3 é no sentido de que a única possibilidade de exercício de poder expropriatório entre as entidades federativas é a prevista no § 2º do art. 2º do Decreto-lei n. 3.365/1941, da qual é exemplo a opinião de Seabra Fagundes que, acerca dessa questão, travou uma célebre discussão com Eurico Sodré, que defendia a possibilidade de inversão da escala expropriatória, mediante autorização legislativa.

A opinião de Seabra Fagundes é a de que "o âmbito, as condições e a forma de expropriamento hão de ser os que a lei ordinária traçar",[29] e essa, ao calar sobre as demais hipóteses de desapropriação de bens públicos, implicitamente as proibiu.

Nesse sentido também é a opinião de Sérgio Ferraz,[30] que 25 anos mais tarde apreciou a questão da admissibilidade ou não de desapropriação entre entidades de mesma escala federativa, por ocasião da disputa de uma coleção de arte sacra entre o Estado da Bahia e de Pernambuco.

Sérgio Ferraz acrescenta ao entendimento de Seabra o argumento de que na Constituição estão expressa e exaustivamente previstos todos os instrumentos de interação das partes componentes de nossa estrutura federativa, não se admitindo, nesse campo, interpretações extensivas ou analógicas, pois qualquer elastério nesse sentido poria em risco o equilíbrio federativo.[31]

Acerca dessa discussão também se manifestou Celso Antônio Bandeira de Mello, em parecer no qual examinou a possibilidade de desapropriação pelo Município de Vinhedo de uma adutora pertencente ao Município de Valinhos, ambos no Estado de São Paulo.[32]

---

29. *Da Desapropriação no Direito Brasileiro*, p. 82.
30. "Desapropriação de bens estaduais – Efetivação por outro Estado – Inadmissibilidade", *RDP* 30/67 e "Desapropriação de bens públicos", in *3 Estudos de Direito*.
31. "Desapropriação de bens públicos", cit., p. 39.
32. "Desapropriação de bem público", *RDP* 29.

O Autor lista os argumentos que poderiam fundamentar duas hipóteses interpretativas diametralmente opostas, quais sejam, a de que as entidades federativas teriam poder expropriatório irrestrito em seu território, podendo, dentro desse limite territorial, exercer livremente essa sua prerrogativa, e a de que a única modalidade de desapropriação admissível é aquela prevista no art. 2º, § 2º do Decreto-lei n. 3.365/1941. Sua opinião é a de que ambas as interpretações são inadmissíveis: isso pelo radicalismo que carregam, e, também, porque a primeira se baseia em critério interpretativo afrontoso ao princípio constitucional da harmonia das pessoas políticas e a segunda porque desconsidera que pode haver outras hipóteses em que se configure o desequilíbrio entre interesses, que autoriza a deflagração do poder expropriatório.

De tal modo, o exercício de poder expropriatório entre as entidades federativas depende apenas de que se configure a situação jurídica que autoriza a deflagração desse poder, em geral, a qual já foi referida acima, e da observação de algumas condições específicas à desapropriação de bens públicos, às quais já se fez alguma referência no item 2 desse capítulo e se fará menção mais aprofundada no Capítulo 5.

Observadas essas condições, qualquer modalidade de desapropriação de bens públicos é, para nós, juridicamente possível, tanto entre entidades de mesma escala federativa, quanto entre entidades de escala federativa diversa, hipótese na qual poderá ser promovida não só pela União, como também pelos Estados e Municípios, com relação aos bens umas das outras.

Cumpre-nos, portanto, rebater os argumentos de que o exercício de poder expropriatório entre as entidades federativas dependeria de expressa previsão legal, não só porque essas outras modalidades de desapropriação de bens públicos aqui admitidas não estão expressamente previstas em lei, mas também porque, se considerássemos que o exercício de poder expropriatório entre as entidades federativas depende de expressa previsão legal, seríamos forçados a admitir que o exercício desse poder entre elas não é juridicamente possível, porquanto, para nós, a autorização da desapropriação de bens públicos contida no § 2º do art. 2º do Decreto-lei n. 3.365/1941 é inválida, por força dos motivos que serão mencionados, também, no Capítulo 5.

Assim, deve ser tomada com alguma reserva a observação de Seabra Fagundes e Sérgio Ferraz quanto a caber ao legislador infraconstitucional estabelecer o âmbito, as condições e as formas de expropriamento, donde deriva a ilação de que a desapropriação de bens públicos só seria permitida nos estritos termos do § 2º do art. 2º do Decreto-lei n. 3.365/1941.

Isso porque, o art. 5º, XXIV, da Constituição Federal, confere não só à União, mas também aos Estados e Municípios uma prerrogativa para que possam, por meio dela, satisfazer os interesses públicos que lhes foram confiados.

Ora, tendo sido essa prerrogativa diretamente atribuída a todas as entidades federativas pela Constituição, as condições para seu exercício devem ter fundamento na própria Constituição que a conferiu, razão pela qual defendemos que o legislador infraconstitucional não pode *criar*, seja de forma expressa, seja de forma implícita, limites para o exercício dessas prerrogativas que não decorram, também de forma expressa ou implícita, da própria Constituição.

É o que, conforme visto no Capítulo 2, decorre do conteúdo jurídico do princípio federativo, segundo o qual a única hipótese juridicamente admissível de que uma entidade federativa possa, no exercício de sua competência legislativa infraconstitucional, restringir prerrogativas que a Constituição também confere às demais é a de que a própria Constituição assim a autorize.

Essa questão acerca de os limites à desapropriação de bens públicos referidos no Decreto-lei n. 3.365/1941 possuírem ou não fundamento constitucional será objeto de exame aprofundado no Capítulo 5. Por hora, basta-nos deixar claro que a discussão acerca da autorização legal para a desapropriação de bens públicos não se situa no plano infraconstitucional, mas, sim, no plano constitucional, de onde se deverá extrair a autorização ou não para a prática das diversas modalidades de desapropriação de bens públicos.

A utilização do vocábulo *extrair* já denuncia que discordamos também de outra opinião de Sérgio Ferraz, segundo a qual as interações entre os entes públicos devem estar todas expressas e exaustivamente previstas na Constituição.

A pensar assim, nem mesmo a desapropriação de bens públicos prevista no art. 2º, § 2º, do Decreto-lei n. 3.365/1941 seria admissível, uma vez que não há expressa previsão constitucional para que quaisquer entidades federativas desapropriem quaisquer bens uma das outras.

Com efeito, o princípio da legalidade, que para a administração pública tem conteúdo invertido com relação à ordem dirigida aos particulares, já que à administração só cabe fazer o que a lei autorize, não deve ser interpretado canhestramente, sob pena de se impor amarras demasiado severas à atuação administrativa, com conseqüências prejudiciais ao interesse público.

Por isso, em nossa opinião, *há necessidade, sim, de autorização legal, mas, não é necessário que tal autorização seja expressa, basta que decorra, nitidamente, do texto legal.*

E, *deste modo, a possibilidade de desapropriação de bens públicos decorre da aplicação do princípio da supremacia do interesse que ofereça maior proveito público e está contida na autorização geral para o exercício de poder expropriatório vinculada no art. 5º, XXIV, da Constituição Federal.*

108 DESAPROPRIAÇÃO DE BENS PÚBLICOS À LUZ DO PRINCÍPIO FEDERATIVO

Advirta-se, contudo, que dizer que a possibilidade de exercício de poder entre as entidades federativas independe de expressa previsão legal não implica reconhecer que essa possibilidade seja irrestrita, e, da mesma forma, dizer que as interações entre as entidades federativas não precisam estar expressa e exaustivamente previstas na Constituição não implica reconhecer que essas interações não devam decorrer do texto constitucional e se submeter aos limites que de lá decorram.

As condições que legitimam o exercício do poder expropriatório entre as entidades federativas e o tornam compatível com a autonomia recíproca e o equilíbrio federativo são objeto do próximo capítulo.

Capítulo 5
AS CONDIÇÕES A SEREM OBSERVADAS PARA A PRÁTICA DA DESAPROPRIAÇÃO DE BENS PÚBLICOS

1. A condição subjetiva. 2. A condição objetiva. 3. A condição finalística: critério para a resolução dos conflitos entre as entidades federativas.

Das opiniões doutrinárias e decisões registradas no panorama apresentado no Capítulo 3, extraímos apenas uma unanimidade entre os que admitem a possibilidade jurídica de poder expropriatório entre as entidades federativas:[1] a preocupação com que essa possibilidade esteja submetida à observação de algumas condições, que se destinem a preservar as relações entre as entidades federativas e, ao mesmo tempo, assegurar a satisfação do interesse público que justifica a desapropriação.

Conforme se tem do panorama referido, antes mesmo da edição do Decreto-lei n. 3.365/1941, a observação de uma escala expropriatória decrescente entre União, Estados e Municípios já era apontada por alguns juristas como condição a ser observada para a prática da desapropriação de bens públicos.

Mesmo entre aqueles que não sujeitavam a prática da desapropriação de bens públicos a essa condição, a observação de uma escala entre União, Estados e Municípios era apontada como critério para resolução de problemas decorrentes da desapropriação simultânea de bem privado. Por ser tradicionalmente relacionada ao sujeito que promove a desapropriação, trataremos abaixo dessa condição sob a rubrica de *condições subjetivas.*

Além dessa condição, alguns dos juristas que se manifestaram sobre o tema ora abordado antes da edição do Decreto-lei n. 3.365/1941 apontavam

---

1. Conforme já mencionado, Fábio Konder Comparato é o único Autor que nega essa possibilidade em "Pareceres – Princípio federal – Bens estaduais não podem ser desapropriados – Caso Banespa", *RTDP* 11/82.

para a necessidade de que a categoria à qual pertence o bem público atingido pela desapropriação também fosse considerada como condição para a prática da desapropriação, que, na opinião desses juristas, só deveria recair sobre bens públicos dominicais. Essa condição, por se relacionar ao bem que é objeto da desapropriação, será tratada entre as *condições que chamamos de objetivas*.

Com a edição do Decreto-lei n. 3.365/1941, cujo art. 2º, § 2º, expressamente prevê uma escala expropriatória a ser observada para a prática da desapropriação de bens públicos, e no qual não há qualquer referência à categoria dos bens públicos que possam ser desapropriados, foi se firmando o entendimento de que essa seria a única condição a ser levada em conta.

Esse pensamento só veio a sofrer algum abalo na década de 70, quando publicados os trabalhos de Celso Antônio Bandeira de Mello[2] e Sergio Ferraz,[3] que, de maneira distintas, defendiam ser necessário considerar, como condição, a função desempenhada pelo bem público atingido pela desapropriação.

De todo modo, ao contrário do acima mencionado, essa *condição objetiva* nunca foi tomada como um critério de resolução, que, por si só, fosse capaz de resolver os conflitos entre as entidades federativas na prática da desapropriação de bens públicos, mas, sim, como mais um aspecto a ser observado junto à condição de índole subjetiva prevista no § 2º do art. 2º do Decreto-lei n. 3.365/1941.

Além dessas duas condições, Celso Antônio Bandeira de Mello foi o único jurista a referir a necessidade de observação de uma outra referente aos interesses contrapostos na desapropriação de bens públicos, que batizamos de *condição finalística*.

Assim sendo, o objetivo do presente capítulo é examinar a compatibilidade dessas condições com a ordem jurídica atualmente vigente, analisar sua prestabilidade para a resolução dos problemas acerca do tema da "desapropriação de bens públicos", bem como, ao final, indicar o critério, que, em nossa opinião, é capaz de resolver todos os problemas referentes à prática dessa desapropriação.

1. A *condição subjetiva*

Conforme se tem do panorama exposto no Capítulo 3, os juristas apontam diversos fundamentos jurídicos para a necessidade de observação de

---

2. "Desapropriação de bem público", *RDP* 29/47.
3. "Desapropriação de bens estaduais – Efetivação por outro Estado – Inadmissibilidade", *RDP* 30/67 e "Desapropriação de bens públicos", in *3 Estudos de Direito*.

uma escala expropriatória decrescente entre União, Estados e Municípios, como condição para a prática da desapropriação de bens públicos. Além de ser produto de distintos modos de pensar, essa diversidade de fundamentos jurídicos apontados reflete também alterações políticas importantes ocorridas durante o período em que registramos as opiniões doutrinárias e decisões judiciais expostas no Capítulo 3 (1899 a 2001).

Passamos agora ao exame da compatibilidade dessa condição com o ordenamento jurídico vigente, ressaltando-se que, como a observação da escala expropriatória decrescente entre União, Estados e Municípios está expressamente prevista no art. 2º, § 2º, do Decreto-lei n. 3.365/1941, esse exame é, ao mesmo tempo, exame da validade do referido dispositivo legal.

Pois bem. O fundamento jurídico tradicionalmente apontado para a observação da escala decrescente entre União, Estados e Municípios, como condição para a desapropriação de bens públicos, e também do dispositivo legal que a contempla, é que se trataria de mera especificação da *escala hierárquica federativa* brasileira, segundo a qual haveria uma relação de hierarquia política e administrativa entre União, Estados e Municípios.

Registre-se que, embora fosse mais freqüentemente manifestado nos primórdios de nossa federação, tal entendimento continua a merecer adeptos até os dias de hoje.

Quanto à existência de uma escala hierárquica federativa na federação brasileira, remetemos o leitor ao Capítulo 2, em que se esclarece que o vínculo existente entre as entidades federativas é de *autonomia recíproca*, e não de hierarquia.

No Capítulo 2, além de demonstrar a acolhida da diretriz da *autonomia recíproca* como regente do relacionamento entre as entidades componentes da federação brasileira, manifestamos nossa opinião de que essa *autonomia recíproca* compõe o núcleo mínimo de significado atrelado ao vocábulo *federação* por aqueles que dele fazem uso, razão pela qual não se pode, sem a merecida censura, falar em *federação* e hierarquia ao mesmo tempo: ou de *federação* não se trata, ou não se tem *hierarquia*, pois a *hierarquia* é a antítese da *autonomia*, que caracteriza o relacionamento entre as entidades federativas.

Dessarte, esse entendimento de que a escala expropriatória do art. 2º, § 2º, do Decreto-lei n. 3.365/1941 estaria fundamentada em uma escala hierárquica federativa não encontra respaldo em nossa Constituição, assim como não encontraria respaldo em qualquer outra Constituição de Estados apropriadamente denominados de *Federais*, de forma que, fosse esse o fundamento do artigo em questão, seria forçoso concluir por sua invalidade e pela inaplicabilidade da escala expropriatória nele contemplada.

Outro fundamento apontado para a escala expropriatória referida no art. 2º, § 2º, do Decreto-lei n. 3.365/1941, é a superioridade da União com relação às demais entidades federativas, especificamente no que se refere à desapropriação.

De acordo com esse entendimento, a superioridade da União em matéria expropriatória estaria juridicamente reconhecida em virtude de ter sido a ela atribuída a competência para legislar sobre desapropriação, o que, na opinião do Ministro Célio Borja,[4] seria, ainda, conseqüência direta de que à União pertenceria originalmente o domínio eminente, que só é exercido também pelas demais pessoas políticas em razão de delegação legal da União.

Para examinar a correção desse entendimento, é necessário, antes de mais nada, distinguir a competência *política*, para legislar sobre desapropriação, da competência *administrativa*, para promover a desapropriação, ou seja, para submeter um bem à força expropriatória.

A competência política para legislar privativamente sobre desapropriação atribuída à União por força do art. 22, II, da Constituição Federal, não se confunde com a competência administrativa para praticar a desapropriação ordinária, a qual foi conjuntamente atribuída à União, aos Estados e aos Municípios, por força do art. 5º, XXIV, e da sistemática constitucional como um todo.

Com efeito, o art. 5º, XXIV, da Constituição Federal, não refere expressamente quais as pessoas políticas competentes para promover a desapropriação por utilidade e necessidade pública ou, ainda, por interesse social.

Ocorre que a Constituição prevê mais duas modalidades de desapropriação, quais sejam, a desapropriação para fins de política urbana, no art. 182, e a desapropriação para fins de reforma agrária, no art. 184, cuja competência atribui-se de modo expresso e exclusivo, respectivamente, aos Municípios e à União. De tal modo, em matéria de desapropriação, nas hipóteses em que se quis reservar a competência administrativa apenas à União ou aos Municípios, a Constituição o fez expressamente, sendo de se entender, por força dessa interpretação sistemática do texto constitucional, que se não o fez, a competência foi atribuída a todas as entidades federativas.

Nesse sentido, e contemplando ainda um outro aspecto favorável a essa interpretação, confira-se o que diz Pontes de Miranda: "O Município, como os Estados-membros, tem o seu direito a desapropriar, na medida em que lhes cabe sentir a necessidade pública, a utilidade pública ou o interesse social. Ora, cabe-lhes tal função segundo a discriminação das competências que lhes tocam à semelhança do que se passa com a União".[5]

---

4. Manifestada no voto que proferiu no RE 111.079, mencionado no Capítulo 3.
5. *Comentários à Constituição de 1967*, t. V, p. 438.

Assim que, tendo sido a competência para a promoção da desapropriação ordinária atribuída aos Estados e Municípios, bem como à União, diretamente pela Constituição, não possui respaldo jurídico a interpretação de que a prerrogativa expropriatória, ou o "domínio eminente",[6] teria sido originalmente atribuído à União, a qual, por meio de delegação, o teria compartilhado com as demais entidades federativas.

A competência da União para praticar a desapropriação dimana da mesma fonte jurídica que a dos Estados e Municípios, razão pela qual não é correto falar em hierarquia ou em superioridade da União no que se refere à competência administrativa para a prática da desapropriação.

Mesmo no que se refere à competência política privativa da União acerca da matéria, o correto seria falar-se em exclusividade e não propriamente em superioridade da União com relação às demais entidades, porquanto tais entidades sequer participam dessa competência.

Ressalte-se ainda que, conforme já dissemos acima (no item 3 do Capítulo 4), a União, no exercício de sua competência legislativa privativa sobre a matéria, estará sempre limitada pela própria Constituição que lhe conferiu essa competência, razão pela qual lhe caberá regulamentar o procedimento para a desapropriação. No entanto, nessa regulamentação não poderá, por exemplo, desprezar que a indenização deva ser justa, prévia e em dinheiro, assim como não poderá eleger critérios para resolução de conflitos entre as entidades federativas em matéria expropriatória que não sejam compatíveis com o princípio federativo. Não negamos que a ela caiba eleger tais critérios, mas ressaltamos apenas que não poderá eleger critérios que não possuam respaldo constitucional.

E como, em nossa opinião, a Constituição não estabelece essa hierarquia entre União, Estados e Municípios, no que se refere à competência para praticar a desapropriação por utilidade ou necessidade pública, a interpretação que atribui a essa hierarquia o fundamento do art. 2º, § 2º, do Decreto-lei n. 3.365/1941 e da escala expropriatória nele contemplada também não possui o necessário respaldo constitucional, razão pela qual, igualmente sob esse fundamento, seria forçoso reconhecer a invalidade desse dispositivo legal e a inaplicabilidade da escala expropriatória nele prevista.

O terceiro e último fundamento apontado é que a escala expropriatória prevista no art. 2º, § 2º, do Decreto-lei n. 3.365/1941, não decorre de uma hierarquia *entre as pessoas políticas* nele mencionadas, mas de uma hierarquia *entre os interesses* nacionais, regionais e locais, considerando-se as distintas escalas de abrangência desses interesses.

---

6. Quanto à imprestabilidade da teoria do *domínio eminente* para fundamentar juridicamente o poder expropriatório, remetemos o leitor ao item 1 do Capítulo 4.

Com efeito, há mesmo uma hierarquia entre os interesses nacionais, regionais e locais, no que se refere às suas distintas abrangências. Contudo, há dois esclarecimentos que precisam ser feitos para que se possa entender a precisa significação que atribuímos a essa hierarquia, por nós reconhecida.

Destaque-se, em primeiro lugar, que o reconhecimento de que existe uma hierarquia *entre os interesses* nacionais, regionais e locais, que são os interesses primários cuja satisfação foi atribuída, respectivamente, à União, aos Estados e aos Municípios, não implica reconhecer que exista uma hierarquia *entre as pessoas políticas* incumbidas da satisfação desses interesses. *A hierarquia existe entre os interesses nacionais, regionais e locais, em si mesmos considerados.*

É por isso que, desse modo, a escala expropriatória do art. 2º, § 2º, do Decreto-lei n. 3.365/1941, só deve ser aplicada quando as pessoas nela referidas estiverem agindo em nome de interesses públicos primários, pois, para nós, a única razão capaz de justificar a prevalência de interesses postos a cargos de pessoas políticas juridicamente iguais é a maior abrangência desse interesse com relação ao outro sobre o qual prevalecerá, devendo-se tomar a expressão *abrangência do interesse* no sentido do número de beneficiários que a satisfação desse interesse pode alcançar.

Portanto, a maior abrangência a que nos referimos só existirá quando a União ou os Estados comparecerem na defesa de interesses públicos primários; se nessa condição não comparecerem, não há razão jurídica que autorize a distinção contemplada no art. 2º, § 2º, do Decreto-lei n. 3.365/1941.

Assim compreendido, o referido dispositivo legal e a escala nele referida é mais uma especificação do princípio da supremacia do interesse que proporcione maior benefício coletivo, referido no Capítulo 4, pelo qual, quando estiverem em choque dois interesses públicos primários, deverá prevalecer o interesse de maior abrangência, ou seja, aquela capaz de atingir um número maior de beneficiários.

Não se estará, contudo, dando aplicação a esse princípio, mas, ao contrário, estar-se-á contrariando o sentido por ele apontado, caso se admita a possibilidade de que interesses secundários da alçada da União possam prevalecer sobre interesses primários dos Estados e dos Municípios, e de que interesses secundários dos Estados possam prevalecer sobre interesses primários dos Municípios.

Além da contrariedade ao princípio da supremacia do interesse que proporcione maior benefício coletivo, com essa interpretação estar-se-ia afrontando também o princípio federativo, pois, como visto, não há fundamento jurídico para que se estabeleça uma desigualdade jurídica entre União, Estados e Municípios.

Reconhecemos, no entanto, que a interpretação de que a escala expropriatória só se aplica quando as pessoas nela referidas estiverem agindo em nome de interesses públicos primários não é a mais literal que se extrai do § 2º do art. 2º do Decreto-lei n. 3.365/1941, cuja redação reproduzimos:

"Art. 2º. Mediante declaração de utilidade pública, todos os bens poderão ser desapropriados, pela União, pelos Estados, Municípios, Distrito Federal e Territórios.

"§ 1º. (...)

"§ 2º. *Os bens do domínio dos Estados, Municípios, Distrito Federal e Território poderão ser desapropriados pela União, e os dos Municípios pelos Estados, mas, em qualquer caso, ao ato deverá preceder autorização legislativa.*

"§ 3º. (...)" (destaques nossos).

Mas, em nossa opinião, a conformidade do referido dispositivo legal com o sistema jurídico vigente depende de que se lhe atribua uma interpretação restritiva, a fim de adequá-lo ao princípio federativo e ao princípio da supremacia do interesse que proporcione maior benefício coletivo.

É essa, aliás, a tendência evolutiva seguida nas decisões judiciais e opiniões doutrinárias, sobretudo as posteriores à promulgação da Constituição de 1988, conforme se pode verificar do panorama apresentado no Capítulo 3.

E, acerca da possibilidade e das hipóteses em que se recomenda a interpretação restritiva das normas jurídicas, confira-se o que diz Tércio Sampaio Ferraz: "Uma interpretação restritiva ocorre toda vez que se limita o sentido da norma, não obstante a amplitude de sua expressão literal. Em geral, o intérprete vale-se de considerações teleológicas ou axiológicas para fundar o raciocínio. Supõe, assim, que mera interpretação especificadora não atinge os objetivos da norma, pois lhe confere uma amplitude que prejudica os interesses, ao invés de protegê-los".[7]

O segundo esclarecimento a ser feito é que a hierarquia por nós reconhecida relaciona-se às distintas escalas de abrangência dos interesses nacionais, regionais e locais, considerados do ponto de vista do número de beneficiários que podem atingir, a qual, como dito, se justifica em razão da supremacia do interesse que proporcione maior benefício social.

Contudo, admitir a existência de uma hierarquia entre os interesses nacionais, regionais e locais, no que se refere às distintas escalas de abrangência desses interesses, não implica reconhecer que exista também uma hierarquia

7. *Introdução ao Estudo do Direito*, p. 291.

relacionada ao objeto sobre o qual esses interesses recaiam, que possa autorizar alguém a dizer, por exemplo, que o interesse relacionado ao fornecimento de energia elétrica é superior ao interesse relacionado à coleta de lixo, simplesmente porque o primeiro é de âmbito nacional e o segundo de âmbito local.

Ao contrário, conforme mencionado no Capítulo 2, as competências atribuídas à União, aos Estados e aos Municípios, constituem zonas *distintas* de atuação, mas de *mesma* importância jurídica.

Desse modo, pelo exposto, podemos afirmar que o art. 2º, § 2º, do Decreto-lei n. 3.645/1941, cuja validade depende de que a ele se atribua a interpretação restritiva acima proposta, contempla um critério para a resolução de conflitos relacionados à desapropriação de bens públicos quando estejam em conflito dois interesses públicos primários: nesse caso, o interesse nacional, prevalecerá sobre o regional ou local, e o interesse regional, sobre o local, não se admitindo a desapropriação em sentido inverso.

A observação da referida escala expropriatória não se presta, entretanto, a disciplinar os conflitos entre outros interesses públicos, sob pena de que, ao estabelecer, sem razão jurídica para tanto, uma vedação parcial aos Estados e vedação total aos Municípios, afronte o conteúdo jurídico do princípio federativo e inviabilize, sem razão jurídica para tanto, a satisfações de interesses públicos primários em choque com interesses públicos secundários.

Ressalte-se, que a desapropriação de bens públicos, à semelhança das desapropriações de bens privados, deverá ser invalidada caso se comprove que seu real objetivo seja a retaliação da entidade à qual pertence o bem expropriado, hipótese na qual restará configurado o desvio de finalidade.

Assim que, embora tenha sido tratada sob a rubrica de *condição subjetiva*, a observação dessa escala hierárquica entre interesses nacionais, regionais e locais não constitui, para nós, uma condição subjetiva, porquanto não se relaciona a qualquer qualidade que seja inerente ao sujeito promotor da desapropriação, mas, sim, à qualidade do interesse visado pela desapropriação.

Trata-se, portanto, de uma condição relacionada à finalidade da desapropriação, sobre a qual falaremos melhor adiante.

Para nós, a única condição subjetiva a ser observada, não só para a prática da desapropriação de bens públicos, mas de qualquer modalidade de desapropriação, é a de que cada um desses sujeitos exerça determinadas competências em determinado espaço territorial, de forma que não possa se valer da desapropriação para o exercício de competências que não lhe pertença, nem tampouco, em território sobre o qual não tenha titulação jurídica para exercer poderes políticos e administrativos.

2. A condição objetiva

Conforme se pode verificar do panorama apresentado no Capítulo 3, após a edição do Decreto-lei n. 3.365/1941, a discussão acerca dos limites objetivos da desapropriação de bens públicos assumiu a forma de um problema de interpretação relacionado ao art. 2º, § 2º, do referido Diploma.

Cogitava-se acerca de duas alternativas de interpretação do art. 2º, § 2º: a primeira é a de que o referido dispositivo seria aplicável apenas aos bens públicos ditos *patrimoniais*, opinião defendida, por exemplo, por Firmino Withaker; a segunda, em sentido oposto, é a de que o referido dispositivo autorizaria a desapropriação de quaisquer bens públicos, inclusive os já destinados a uma utilidade pública, opinião defendida, por exemplo, por Seabra Fagundes e Eurico Sodré.

Mas, após poucos anos da edição do Decreto-lei n. 3.365/1941, essa discussão foi paulatinamente perdendo força, firmando-se o entendimento de que todos os bens públicos seriam passíveis de desapropriação, inclusive os já destinados a uma utilidade pública.

A distinção entre bens afetados às atividades administrativas e bens não afetados passou a ser objeto de cogitação apenas na desapropriação de bens de empresas concessionárias de serviços públicos e, mesmo assim, para o fim exclusivo de determinar se aquele bem seria público ou não.

Essa tendência só sofreu algum abalo nos anos 70, com o trabalho de Sérgio Ferraz,[8] que defendeu ser imprescindível a consideração da categoria do bem público atingido para determinação de sua expropriabilidade ou não.

Na opinião desse Autor, apenas os bens públicos não afetados a um uso ou serviço público seriam passíveis de desapropriação, de acordo com a ordem estabelecida na escala expropriatória do art. 2º, § 2º, do Decreto-lei n. 3.365/1941.

Nessa mesma época, Celso Antônio Bandeira de Mello[9] também defendeu a necessidade de se investigar a função desempenhada pelo bem atingido com relação à atividade administrativa da qual faz parte, estabelecendo precursoramente nesse tema uma distinção entre os bens que estão funcionalmente integrados no próprio serviço e aqueles que são meros locais de prestação de serviço, os quais, em razão dessa circunstância, recebem proteção menos rigorosa que os primeiros.

Atualmente, não podemos dizer que haja entendimento predominante acerca da questão. Há quem opine pela sujeição da desapropriação de bens

---

8. "Desapropriação de bens públicos", cit., p. 28.
9. "Desapropriação de bem público", cit., pp. 50-52.

públicos apenas às condições do § 2º do art. 2º do Decreto-lei n. 3.365/1941; há quem opine pela inexpropriabilidade dos bens já afetados ao uso ou serviço públicos; e, há, ainda, os que, a fim de dar interpretação mais restritiva à escala expropriatória referida art. 2º, § 2º, do Decreto-lei n. 3.365/1941, afirmam que a tal escala só se aplicaria aos bens de uso comum e especial, sendo livre a desapropriação de bens dominicais.

Esse último entendimento é esposado por Carlos Fernando Potyguara Pereira, na obra que dedica exclusivamente ao tema da *Desapropriação de Bens Públicos*, e foi defendido também pelo Ministro Leitão de Abreu no julgamento do Recurso Extraordinário 85.550, mencionado no Capítulo 3.

Com efeito, a consideração da função desempenhada pelo bem público atingido pela desapropriação é mesmo imprescindível para sua realização criteriosa, razão pela qual entendemos que deva integrar o critério para a resolução dos conflitos a ela relacionados.

Contudo, as categorias de bens públicos referidas no art. 99 do Código Civil, que é praticamente idêntico ao art. 66 do Código Civil de 1916, não devem ser tomadas como critério que seja, por si mesmo, determinante da possibilidade ou não de desapropriação dos bens que pertencem a tais categorias, o que, em nossa opinião, deve-se a duas razões.

Primeiro, porque, para o fim de se constar a possibilidade ou não de desapropriação de um determinado bem público, não basta saber qual a função por ele já desempenhada, mas, é necessário considerar também qual a função que esse bem virá a desempenhar, caso concretizada a desapropriação pretendida, pelos motivos que serão referidos no item 3 deste capítulo.

Além disso, a classificação dos bens públicos constante do Código Civil é grosseira demais para enfrentar o problema ora tratado, uma vez que, entre os extremos dos bens de uso comum e bens dominicais, há várias gradações necessárias, não apenas uma, para separar bens públicos que se distinguem pela proteção jurídica que merecem e importância que possuem para o oferecimento das utilidades públicas, características essas que, conforme se verá no item 3, já referido, são fundamentais para a determinação da possibilidade ou não de desapropriação.

Pois bem. Como discordamos do entendimento de que quaisquer bens afetos a utilidades públicas sejam insuscetíveis de desapropriação, cumpre-nos rebater os três argumentos contrários à possibilidade de desapropriação desses bens, expostos no panorama do Capítulo 3.

O primeiro argumento é o de que a inalienabilidade dos bens de uso comum e especial, gravada pelo art. 67 do Código Civil de 1916 e, atualmente, pelo art. 100 do Código Civil em vigência, impossibilitaria a desapropriação desses bens.

Em nossa opinião, a inalienabilidade dos bens afetos direta ou indiretamente a utilidades públicas não interfere na possibilidade de sua desapropriação.

Com efeito, esse tipo de preocupação só faz sentido quando se cogita da validade de negócios jurídicos em que há transferência da propriedade, para a qual é fundamental investigar não só a capacidade do sujeito de dispor daquele bem, como também se sobre o bem não recai algum tipo de ônus que impeça sua livre disposição.

Mas, a desapropriação, mesmo quando resulta na aquisição de um bem por parte do expropriante,[10] é, do seu ponto de vista, *forma originária de aquisição desse bem* e, do ponto de vista do expropriado, *sacrifício compulsório de direito*, em virtude da incompatibilidade do exercício desse direito com a satisfação dos interesses públicos enumerados em lei, mediante o pagamento de uma indenização justa, prévia e em dinheiro.

De modo que, se, para um, o sacrifício é compulsório e, para outro, a aquisição é original, não faz sentido cogitar acerca da inalienabilidade ou não daquele bem, pois, a aquisição do bem, por parte do poder público, e a perda do bem, por parte do expropriado, não decorre de um negócio jurídico.

Confira-se o que diz Pontes de Miranda acerca da significação jurídica do conceito de inalienabilidade e de sua desvinculação com a possibilidade de perda do bem por outra forma que não a alienação: "Diz-se inalienável o bem de que o titular do direito, ou outrem, por ele, não pode dispor. No conceito de inalienabilidade não está, *a priori*, o de não se poder, por outro modo que a alienação, perder a propriedade. Bens inalienáveis podem ser usucapidos; sobre bens inalienáveis podem ser constituídas servidões por meio de usucapião (art. 698)".[11]

Discordamos, portanto, daqueles que vêem na desapropriação uma alienação compulsória, pois conquanto a desapropriação seja, assim como a alienação, uma forma de perda da propriedade, dela difere sobretudo porque independe do título anterior da propriedade adquirida, por isso se dizer que a aquisição, quando há, é original; enquanto que a compra de um bem é justamente a transferência desse título de propriedade do vendedor para o comprador, por isso se dizer que a aquisição, nesse caso, é derivada.

Apenas para ilustrar com alguns exemplos as conseqüências práticas dessa diferença entre a aquisição e perda da propriedade em razão de desa-

---

10. Concordamos com o entendimento esposado por Carlos Ari Sundfeld, em "Revisão da desapropriação no Brasil", *RDA* 192/38, o qual, com apoio em Pontes de Miranda, atribui à desapropriação o caráter de forma de perda da propriedade, tendo em vista que não necessariamente resulta em uma aquisição por parte do expropriante, como ocorre, por exemplo, quando se desapropria o direito de construir de alguém.
11. *Tratado de Direito Privado*, Parte Geral, t. II, p. 139.

propriação e a aquisição e perda da propriedade em razão de negócio jurídico, cite-se o seguinte: enquanto o bem desapropriado é incorporado ao patrimônio do beneficiário da desapropriação, que, em geral é o próprio poder público, mediante o pagamento de uma *indenização*, e *permanecerá incorporado* a esse patrimônio, ainda que essa indenização tenha sido paga a pessoa diversa da que detinha o título de propriedade relativo àquele bem, o bem comprado é adquirido mediante o pagamento de seu *preço*, que deve ser pago ao detentor do título de propriedade daquele bem, ou a pessoa por ele indicada, como *condição de validade da transação*.

Além disso, enquanto o bem desapropriado é incorporado ao patrimônio do beneficiário da desapropriação livre de quaisquer ônus, o bem comprado vem acompanhado de todos os ônus que sobre ele recaiam.

A diferença entre a *indenização* paga na desapropriação e o *preço* pago na compra e venda é que a primeira objetiva deixar o titular do direito sacrificado indene, nela incluindo-se, portanto, além do valor econômico correspondente ao direito sacrificado, os demais prejuízos sofridos com a desapropriação, tais como valores relativos à mudança do expropriado; enquanto que o *preço* é fixado negocialmente, ficando a critério das partes decidir o que deverá ser nele incluído.

Assim é que acreditamos que a inalienabilidade desses bens afetos a utilidades públicas não os torna insuscetíveis de desapropriação, porquanto a questão da alienabilidade ou não do bem nada tem a ver com a possibilidade de sua expropriação.

O outro argumento é o de que a desapropriação de bens já destinados a uma necessidade ou utilidade pública careceria de motivo.

Pois bem. O motivo para a desapropriação será, como sempre, a satisfação de uma utilidade ou necessidade pública, mesmo que o objeto dessa desapropriação seja um bem já a serviço de outra utilidade ou necessidade pública.

Com efeito, não é necessário muito esforço para se imaginar hipóteses em que um mesmo bem possa servir a mais de uma utilidade ou necessidade pública. É claro que quando essas utilidades ou necessidades públicas forem compatíveis, a melhor saída será que coexistam sobre o mesmo bem, para que ambos os interesses públicos possam ser satisfeitos.

Contudo, quando as utilidades ou necessidades públicas forem incompatíveis entre si, uma prevalecerá sobre a outra, e isso ocorrerá quando o interesse ao qual uma delas estiver relacionada for superior ao interesse ao qual a outra estiver relacionada, superioridade que é condição *sine qua non* para a deflagração do poder expropriatório, conforme observa Celso Antônio Bandeira de Mello: "Ora, como o instituto expropriatório é figura jurídica destinada a assegurar a compulsória superação de interesses menores por interesses mais amplos, mais relevantes (e que, bem por isso, devem prevalecer), *a ablação do direito de propriedade de alguém em proveito do expropriante depende fundamentalmente da supremacia do interesse, isto é, da supremacia da necessidade e da utilidade proclamados sobre interesse que a ordem jurídica haja categorizado em grau subalterno, por escaloná-lo em nível secundário em relação ao outro que pode se impor"* (destaques nossos).[12]

Como visto no item 1 do Capítulo 4, essa situação de desigualdade jurídica entre os interesses públicos ocorre sempre que confrontados interesses públicos primários de distintas escalas de abrangência, quando confrontados interesses públicos primários com interesses públicos secundários, ou, ainda, quando confrontados interesses públicos secundários que se relacionem com intensidade distinta aos interesses públicos primários.

Por fim, o terceiro e último argumento contrário à possibilidade de desapropriação de bens já destinados a uma utilidade pública é o de que o reconhecimento dessa possibilidade implica a admissão de que possa haver conflito entre interesses públicos, o que seria inadmissível.

Ora, não se pode negar a existência de uma realidade apenas porque gostaríamos que não existisse: ao invés de simplesmente negar a realidade indesejada, acreditamos ser melhor enfrentá-la e nos debruçarmos sobre ela a fim de que possamos encontrar uma solução capaz de resolver o problema da melhor forma possível, considerando-se, sobretudo, a necessidade de sa tisfação dos interesses públicos.

É claro que um interesse público não poderá prevalecer sobre o outro se entre eles não houver uma desigualdade jurídica; mas, conforme já dissemos, há desigualdades jurídicas também entre os interesses públicos, o que possibilita a desapropriação mesmo quando se confrontem dois interesses públicos.

Face ao exposto, e também porque acreditamos que nosso direito positivo tende a ampliar e não a restringir o exercício da desapropriação e de seu alcance objetivo – o que é compatível com a dicção do *caput* do art. 2º, do Decreto-lei n. 3.365/1941, segundo o qual *todos* os bens são passíveis de desapropriação, e se justifica porque a desapropriação é antes de mais nada um instrumento necessário à satisfação dos interesses públicos –, *concluímos que mesmo aqueles bens já destinados a uma utilidade pública podem ser passíveis de desapropriação.*

Contudo, há, em nossa opinião, uma condição relacionada ao objeto da desapropriação que deve ser observada para sua expropriação: *não podem*

---

12. "Desapropriação de bem público", cit., p. 49.

ser objeto de desapropriação aqueles bens cuja propriedade tenha sido atribuída às entidades federativas diretamente pela Constituição, tais como os bens da União, referidos no art. 20, incisos II à XI, e no art. 176, da Constituição Federal, e também os bens dos Estados, referidos no art. 26, incisos I à IV.

Ora, os bens que a própria Constituição, soberana, atribui às entidades federativas não lhes podem ser subtraídos pelas demais. É de se ressalvar apenas que as terras devolutas dos Estados e da União só serão inexpropriáveis quando efetivamente estiverem afetas a alguma utilidade pública, tal como ocorre com as terras devolutas necessárias para a defesa nacional e à preservação ambiental. Isso decorre do princípio da supremacia do interesse capaz de proporcionar maior benefício coletivo e é compatível com o que estabelece o art. 225, § 5º, da Constituição Federal.

3. A condição finalística:
critério para a resolução dos conflitos entre as entidades federativas

Conforme mencionado acima, Celso Antônio Bandeira de Mello foi o único Autor a pensar que a prática da desapropriação de bens públicos deveria estar sujeita à observação de condição relacionada à finalidade do instituto expropriatório, assim ressaltada nas seguintes palavras do Mestre: "É bem evidente, dispensando maiores digressões que o artigo constitucional e os textos legais contemplam interesses públicos e utilidades públicas prevalentes sobre interesses de menor realce, uma vez que se trata de fixar os termos de solução no caso de entrechoques de interesses e de decidir qual deles cederão passo, quais deles serão preteridos, e assim convertidos em expressão patrimonial – *para que a utilidade preponderante extraia do bem almejado o proveito público maior que nele se encarna*" (destaques nossos).[13]

Para o fim de decidir qual a utilidade pública preponderante, ou seja, qual delas é capaz de extrair do bem o proveito público maior que nele se encarna, será imprescindível considerar *a função desempenhada pelo bem com relação ao oferecimento dessas utilidades públicas contrapostas*, porquanto, conforme observa o Autor acima citado: "Nem todos os bens pertencentes ao Poder Público acham-se direta e imediatamente afetados à realização de um interesse público. Isto é, determinados bens encontram-se prepostos à realização de uma necessidade ou utilidade pública, servindo-a por si mesmos; outros estão afetados a ela de modo instrumental, de maneira que a Administração serve-se deles como um meio, uma ambiente físico, no qual desenvolve atividade pública. Ou seja: correspondem a um local onde o ser-

---

13. "Desapropriação de bem público", cit., p. 49.

viço desenvolvido não tem correlação indissociável com a natureza do bem, posto que este nada mais representa senão a base espacial em que se instala a Administração. Finalmente, outros bens, ainda, embora sejam de propriedade pública, não estão afetados ao desempenho de um serviço ou atividade administrativa".[14]

De acordo com esse critério, a possibilidade jurídica da desapropriação de um bem público depende de que a utilidade pública por ela visada extraia do bem proveito público maior do que o que dele já se extraía, de forma que a decisão acerca da possibilidade jurídica ou não da desapropriação de um bem público resulta de uma comparação entre os interesses públicos contrapostos *relacionados a determinado bem*.

Assim, se o bem público almejado pela desapropriação não estiver preposto a qualquer utilidade pública, a comparação entre os interesses contrapostos a ele relacionados é bastante desequilibrada e a desapropriação é sempre possível, uma vez que ou do bem não se extraia qualquer proveito público, ou o proveito público dele extraído seja simplesmente o de que por meio dele se aufira alguma vantagem econômica, a qual será plenamente compensada pela correspondente indenização.

Mas, se o bem público atingido pela desapropriação já estiver preposto a uma utilidade pública, a possibilidade jurídica dessa desapropriação dependerá de que, na *comparação entre a função que esse bem já desempenha com relação a uma utilidade pública e a função que desempenharia com relação à outra utilidade pública visada pela desapropriação*, se verifique que com a desapropriação se estará extraindo desse bem proveito público maior do que o por ele já oferecido.

Nesse sentido, se a função já desempenhada pelo bem estiver diretamente relacionada com a utilidade pública à qual está afetado, a desapropriação só será possível se a função que esse bem vier a desempenhar, após a desapropriação e a realização das obras que eventualmente se façam necessárias, estiver diretamente relacionada a uma utilidade pública de maior abrangência do que a outra à qual estava atrelado, lembrando se que a maior abrangência de uma utilidade pública com relação à outra refere-se ao número de beneficiários que o oferecimento dessas utilidades públicas contrapostas pode alcançar.

Um bem estará diretamente relacionado com uma utilidade pública quando a utilidade pública oferecida for a utilização do próprio bem.

No mesmo sentido, se a função já desempenhada pelo bem estiver apenas indiretamente relacionada com a utilidade pública, a desapropriação será

14. Idem, p. 50.

possível quando a função que vier a ser desempenhada pelo bem após a desapropriação estiver diretamente relacionada à utilidade pública cujo oferecimento é visado pela desapropriação, ou, ainda, se a função que vier a ser desempenhada após a desapropriação, conquanto seja indireta, esteja em grau de maior proximidade com uma utilidade pública.

Um bem estará indiretamente relacionado a uma utilidade pública quando sua utilização não seja, em si mesma, a utilidade pública oferecida, conquanto essa utilização colabore para o oferecimento da utilidade pública à qual está vinculado.

Esta é, em outras palavras, a diferença à qual alude Ruy Cirne Lima, que separa, de acordo com os distintos graus de participação de um bem nas atividades administrativas, os bens *de domínio público*, dos bens do *patrimônio administrativo*, conforme segue:

"As duas expressões *domínio público e patrimônio administrativo* não possuem, quanto ao conteúdo, a mesma intensidade; antes designam duas proporções diferentes de participação dos bens na atividade administrativa.

"Sob esse aspecto, pode o domínio público definir-se como a forma mais completa da participação de um bem na atividade de administração pública. São os bens de uso comum, ou do domínio público, o serviço mesmo prestado ao público pela administração. Assim, as estradas, ruas e praças (art. 66, I, Cód. Civ.).

"Pelo contrário, os bens do patrimônio administrativo são meramente instrumentos de execução dos serviços públicos; não participam propriamente da administração pública, porém do aparelho administrativo; antes se aproximam do agente do que da ação por este desenvolvida. Assim, os edifícios e as repartições públicas."[15]

Em nossa opinião, os bens que estão diretamente relacionados a uma utilidade pública são bens de interesse público primário; enquanto que os bens indiretamente relacionados a uma utilidade pública são bens de interesse público secundário, com as conseqüências que essa diferença possui para a configuração do desequilíbrio entre os interesses contrapostos, que é pressuposto para deflagração do poder expropriatório.

Para ilustrar a diferença acima aludida, cite-se, como exemplo dos bens referidos em primeiro lugar, os bens que, isoladamente considerados, oferecem, por si mesmos, uma utilidade pública, tais como as estradas, ruas, praças e parques e, também, nesse sentido, as usinas geradoras de energia elétrica, hidráulica, hidroelétrica, nuclear e as redes de esgoto, transmissão de energia e fornecimento de água potável; como exemplo dos bens referidos

15. *Princípios de Direito Administrativo*, p. 77.

em segundo lugar, os bens que são locais de prestação de serviço, tais como as sedes das repartições públicas e mesmo as construções em que se localizam escolas, hospitais e delegacias de polícia.[16]

Confira-se o que diz Celso Antônio Bandeira de Mello a respeito dessa diferença:

"Deveras, há uma profunda e perceptível diferença entre um prédio onde funciona uma repartição burocrática qualquer, ou ainda uma escola, um hospital, uma delegacia de polícia e o complexo de coisas que constituem uma usina geradora de energia elétrica, ou uma estação transformadora de energia ou, de tratamento de água, ou uma rede de esgotos, ou o conjunto de captação de água e adutoras.

"Estes últimos não são apenas sedes, locais de prestação de serviços, porém, muito mais que isso, são bens funcionalmente integrados no próprio serviço, o qual consiste precisamente naquele complexo que o identifica e que proporciona a utilidade pública. Os agentes públicos atuam como operadores ou manipuladores de tais bens. O serviço proporcionado a todos é menos um produto do desempenho pessoal dos funcionários do que uma resultante da utilização inerente ao próprio bem. Isto é, os bens em questão fornecem, em razão de seu próprio modo de ser, uma utilidade pública possuída em si mesma, uma vez realizada a obra em que se consubstanciam."[17]

Note-se que a função desempenhada pelos bens referidos em primeiro lugar é o próprio oferecimento da utilidade pública, razão pela qual essa mesma não poderia continuar a ser oferecida sem eles, individualmente considerados; diferentemente, a função desempenhada pelos bens referidos em segundo lugar poderia ser desempenhada por qualquer outro bem, já que não carregam, em si, características intrínsecas (tais como seus atributos naturais) ou extrínsecas (tal como sua localização), que os comprometa individual e

---

16. Evitamos fazer referência às categorias resultantes da classificação dos bens públicos constante do Código Civil porque, conforme já referido, são grosseiras demais para que possam nos auxiliar na resolução dos problemas relacionados à desapropriação dos bens públicos. A classificação dos bens públicos é, para nós, tema dos mais tormentosos, cujo enfrentamento deixaremos para trabalho posterior, por acreditarmos que, embora relacionado ao tema ora abordado, não produz conseqüências decisivas para o presente trabalho. Além do problema, já referido acima, de que há alguns bens que não se encaixam perfeitamente em qualquer das categorias existentes, até porque possuem características que os aproximam, mas não os identificam, tanto da categoria dos bens de uso comum quanto da categoria dos bens de uso especial, incomoda-nos, ainda, os problemas relacionados à identificação do critério utilizado na classificação, bem como sua operatividade. Sobre esse assunto, vale a pena conferir o que diz Otto Mayer, em *Derecho Administrativo Alemán*, t. 3, e também os comentários feitos a esse respeito por Celso Antônio Bandeira de Mello, em "Desapropriação de bem público", cit.

17. "Desapropriação de bem público", p. 51.

decisivamente com o oferecimento da utilidade pública, embora, para tanto, colaborem.

É claro que, tendo em vista as diretrizes da *autonomia recíproca* e do *equilíbrio federativo*, a desapropriação desses bens só deverá ser feita na medida do que seja estritamente necessário para a *satisfação de interesses públicos que ofereçam proveito coletivo maior*, função essa que, lembre-se, também integra o conteúdo jurídico do princípio federativo.

Para nós, a observação dessa condição finalística oferece um critério capaz de disciplinar a resolução dos problemas relacionados à desapropriação de bens públicos, porquanto considera a função desempenhada pelos bens públicos com relação às utilidades públicas contrapostas e as peculiaridades do instituto expropriatório, resultando, de sua aplicação, decisões compatíveis com o princípio federativo.

Antes de encerrar este capítulo, cumpre ainda referir que a validade da desapropriação de bens públicos depende não só da observação desses pressupostos que correspondem às condições aqui referidas, mas também da observação dos pressupostos de validade das desapropriações em geral e, com relação à desapropriação de bens públicos de interesse primário, haverá ainda a necessidade de obtenção da autorização legislativa à que se refere o art. 2º, § 2º, do Decreto-lei n. 3.365/1941.

Quanto à indenização, é quase desnecessário dizer que deverá abranger não só o preço do bem, mas também, se for o caso, o benefício econômico que dele se auferia e os custos necessários para a remoção e implantação do serviço nele prestado.

Por fim, no que se refere aos bens afetados ao serviço público, nossa opinião é que o princípio da continuidade do serviço público veda a possibilidade de concessão da liminar de imissão na posse, prevista no art. 15 do Decreto-lei n. 3.365/1941.

Capítulo 6
EXTENSÃO ÀS PESSOAS ADMINISTRATIVAS DO MESMO TRATAMENTO JURÍDICO APLICÁVEL ÀS ENTIDADES FEDERATIVAS

1. Pólo ativo da desapropriação. 2. Pólo passivo da desapropriação.

Este capítulo destina-se a examinar a última questão relacionada ao tema, qual seja, a da extensão ou não do mesmo tratamento jurídico aplicável às entidades federativas às pessoas administrativas, assim entendidas como aquelas que exerçam atividades administrativas, dotadas de personalidade jurídica de direito público ou de direito privado.

Tal discussão aparece no panorama exposto no Capítulo 3, quando se cogita acerca da extensão ou não do disposto no § 2º do art. 2º do Decreto-lei n. 3.365/1941 às pessoas administrativas, nele não expressamente referidas.

Conforme visto no panorama, o problema da extensão ou não do mesmo tratamento jurídico aplicável às entidades federativas às pessoas jurídicas administrativas é abordado sob dois aspectos: o primeiro referente à possibilidade de que essas pessoas figurem no pólo ativo da desapropriação, ou seja, de que, mediante autorização legal expressa, essas pessoas possam promover a desapropriação, ou, em outras palavras, possam submeter um bem à força expropriatória; e o segundo referente à extensão ou não do mesmo tratamento quando tais pessoas figurem no pólo passivo da desapropriação, ou seja, quando seus bens forem objeto de uma desapropriação.

Passemos então ao enfrentamento do problema sob os dois aspectos mencionados.

1. Pólo ativo da desapropriação

A discussão quanto a esse aspecto da questão assume notável diferença conforme se trate das pessoas administrativas dotadas de personalidade jurídica de direito público, quais sejam, as autarquias e as fundações públicas, ou das pessoas administrativas dotadas de personalidade jurídica de direito privado, quais sejam, as sociedades de economia mista, as empresas públicas e as empresas privadas concessionárias de serviço público.

Isso porque é apenas quando se trata das pessoas administrativas dotadas de personalidade jurídica de direito público que se cogita da possibilidade de que tais pessoas promovam, por si mesmas, a desapropriação de bens privados *ou públicos*.

Essa possibilidade está condicionada, no entanto, à existência de disposição legal expressa nesse sentido, o que decorre da circunstância de que os arts. 6º e 7º do Decreto-lei n. 3.365/1941 estabelecem que a declaração de utilidade pública, necessária para que um bem seja submetido à força expropriatória, se fará por decreto do Presidente, Governador ou Prefeito, ou, ainda, por ato do Poder Legislativo, hipótese na qual se terá um ato administrativo emanado atipicamente desse Poder.

Assim, para que outros atos administrativos que não os acima mencionados possam provocar o efeito de submeter um bem à força expropriatória é necessária expressa previsão legal nesse sentido.[1]

Pois bem. Com relação a esse aspecto do problema ora abordado, comungamos da opinião de Sérgio Ferraz, para quem deve ser aplicado às desapropriações promovidas por autarquias ou fundações públicas o mesmo tratamento que seria aplicável caso fossem promovidas diretamente pela pessoa política à qual estão vinculadas, ressalvando-se apenas que o tratamento jurídico que entendemos ser aplicável a essas desapropriações, tanto a uma quanto à outra, é distinto daquele proposto pelo Autor citado e, também, que, conforme exposto no Capítulo 2, os vínculos que unem as autarquias às pessoas políticas que as criaram são vínculos de controle, e não de hierarquia, como refere o Autor: "Da mesma forma, não podemos ainda uma vez comungar com o indicado ilustre administrativista[2] (na mesma página supracitada), nem com o eminente Hely Lopes Meirelles (ob. cit., pp. 489 e 500), quando afirmam que não podem as autarquias federais expropriar bens de Estado ou Município, o mesmo se aplicando quanto ao ente autárquico estadual, referentemente ao Município. O fundamento da assertiva repousaria em que 'as pessoas públicas maiores podem desapropriar bens das pessoas

---

1. É o que ocorre, por exemplo, com o Departamento Nacional de Infra-estrutura de Transportes – DNIT, que, por força do art. 82 da Lei n. 10.233, de 5.6.2001, está autorizado a declarar a utilidade pública de bens a serem desapropriados para implantação do Sistema Federal de Viação e, também, com o Instituto Nacional de Colonização e Reforma Agrária – INCRA, que, por força, do art. 22, da Lei n. 4.504, de 30.11.1964, está autorizado a promover as desapropriações necessárias ao cumprimento do Estatuto da Terra.

2. O Autor refere-se a José Cretella Jr.

públicas menores, mas o inverso é vedado'. Todavia, o equívoco é manifesto. Como com a possível minúcia já expusemos, a autarquia constitui uma solução de descentralização horizontal. No plano interno da esfera federativa, a que vinculada, constituem-se, sim, laços hierárquicos, entre o ente central e o descentralizado. *Na órbita externa, contudo, o traço da horizontalidade desconcentradora se traduz em que os bens da autarquia gozam da mesma posição que o dos entes a que vinculadas, eis que, nesse plano, a autarquia surge como simples desdobramento institucional, mas não hierarquizado, de pessoa jurídica central de direito público. Assim, desde que não se trate de bens de uso comum, ou especial, inegável parece-nos o direito de as autarquias vinculadas a ente maior desapropriarem bens de entes autárquicos, ou mesmos centrais, de posição inferior*" (destaques nossos).[3]

Com efeito, as autarquias são pessoas jurídicas de direito público criadas para o desempenho de atividades tipicamente administrativas, por força do que desfrutam, com relação a essas atividades, dos mesmos poderes e prerrogativas de que gozariam as pessoas políticas, se realizassem diretamente essas atividades.

No que se refere à posição jurídica das autarquias com relação a terceiros, dentre os quais se incluem as pessoas políticas distintas das que as criaram e também as pessoas administrativas a elas ligadas, confira-se o que diz Celso Antônio Bandeira de Mello: "No que respeita às relações com terceiros, a posição jurídica das autarquias, por serem pessoas de Direito Público, é equivalente à que corresponde à própria Administração direta, embora, evidentemente, restrita à índole e ao setor de atividade que lhes seja afeto. Donde pode-se dizer que, de um modo geral, desfrutam das mesmas prerrogativas genéricas, poderes, e reversamente, sujeições que vinculam o Estado".[4]

Somos, portanto, da opinião de que *o mesmo tratamento jurídico dado às desapropriações de bens públicos promovidas diretamente pelas entidades federativas deve ser dado às desapropriações promovidas pelas autarquias ou fundações de direito público que a elas estejam ligadas*, até porque o tratamento aqui proposto vincula-se à relação entre o bem atingido e a finalidade visada pela desapropriação, *sem qualquer distinção quanto aos sujeitos que a promovem*.

Quanto *às pessoas administrativas com personalidade jurídica de direito privado, não é de se lhes estender o mesmo tratamento aplicável às entidades federativas sob esse aspecto do problema*, simplesmente porque as pessoas administrativas de direito privado não possuem a competência para promover desapropriação, mas tão-somente para propor a correspon-

---

3. "Desapropriação de bens públicos", cit., p. 43.
4. *Curso de Direito Administrativo*, p. 152.

dente ação judicial, conforme previsão do art. 3º do Decreto-lei n. 3.365/ 1941.

2. Pólo passivo da desapropriação

No que se refere à extensão do tratamento jurídico proposto às pessoas administrativas quando figurem no pólo passivo da desapropriação, há também que se fazer uma distinção conforme se trate de pessoas administrativas com personalidade jurídica de direito público ou de pessoas administrativas com personalidade jurídica de direito privado.

A diferença refere-se à que os bens das pessoas administrativas dotadas de personalidade jurídica de direito público são sempre *públicos*, independentemente de estarem destinados ao oferecimento de utilidades públicas, o que, em nossa opinião, não ocorre com os bens das pessoas administrativas dotadas de personalidade jurídica de direito privado, conforme será visto logo mais adiante.

Esse entendimento de que o caráter público dos bens das autarquias ou fundações públicas depende tão-somente de que sejam propriedade dessas pessoas já era unânime mesmo sob a vigência do Código Civil de 1916, que não fazia referência expressa a essas pessoas jurídicas de direito público entre aquelas titulares de bens *públicos*, e foi agora expressamente reconhecido, por força da disposição contida nos arts. 98 e 99, inciso III, do Código Civil atualmente vigente.

Os juristas referidos no panorama do Capítulo 3 que, como nós, entendem que deve ser atribuído aos bens pertencentes às pessoas administrativas dotadas de personalidade jurídica de direito público o mesmo tratamento jurídico aplicável aos bens pertencentes às pessoas políticas servem-se do argumento de que a atribuição de um bem a uma autarquia não lhe retira o qualificativo concernente ao ente central de que se destacou a pessoa autárquica. Esse é o entendimento de Sérgio Ferraz[5] e Carlos Fernando Potyguara Pereira.[6]

Em sentido oposto, os que são contrários à interpretação extensiva do § 2º do art. 2º, do Decreto-lei n. 3.365/1941, aos bens de pessoas administrativas dotadas de personalidade jurídica de direito público baseiam-se em dois argumentos, abaixo referidos.

O primeiro argumento é o de que a validade duvidosa do dispositivo face ao princípio federativo impõe sua interpretação estrita, razão pela qual

---

5. "Desapropriação de bens públicos", cit., pp. 42-43.
6. *A Desapropriação de Bens Público...*, cit., pp. 109-112.

deve ser aplicado apenas às pessoas políticas nele expressamente mencionadas. Esse é o entendimento do Ministro Carlos Velloso.[7]

O outro argumento é o de que o poder expropriatório das pessoas políticas não deve ser restringido diante dos bens de pessoas de natureza meramente administrativa, razão pela qual os Estados poderiam desapropriar não só os bens de autarquias municipais, mas também, os bens de autarquias federais, e os Municípios, bens de autarquias estaduais e federais. Esse é o entendimento de José Cretella Jr.[8] e José Carlos de Moraes Salles,[9] apoiados na opinião de Hely Lopes Meirelles, por eles citado.

Tal entendimento foi acolhido na decisão da 4ª Câmara do 2º Tribunal de Alçada Civil, proferida por ocasião do julgamento da Apelação em Mandado de Segurança 47.759, em 22.12.1976, mencionada no Capítulo 3.

Em nossa opinião, deve-se aplicar aos bens das autarquias e fundações públicas tratamento jurídico semelhante ao aplicável à desapropriação de bens das entidades federativas, porquanto a possibilidade de um bem público ser ou não desapropriado, conforme visto acima, não possui qualquer relação com a pessoa que os titulariza, mas se relaciona, isso sim, com a função desempenhada pelo bem com relação às utilidades públicas contrapostas.

Assim, *em sendo o bem público, é de lhe ser aplicável o mesmo tratamento jurídico aplicável aos bens públicos das entidades federativas*, sejam eles pertencentes às pessoas administrativas com personalidade jurídica de direito público, sejam eles pertencentes às pessoas administrativas com personalidade jurídica de direito privado, o que já antecipa nossa posição quanto à extensão desse tratamento jurídico aos bens dessas pessoas com personalidade jurídica de direito privado.

Quanto ao argumento de que se deve atribuir ao art. 2º, § 2º, do Decreto-lei n. 3.365/1941, interpretação estrita face à sua constitucionalidade duvidosa, somos da opinião de que a interpretação estrita não salva o referido dispositivo de sua inconstitucionalidade, que, para nós, não deveria ser aplicado nem mesmo às pessoas nele expressamente referidas.

Quanto aos bens das pessoas jurídicas com personalidade jurídica de direito privado, sejam empresas estatais ou empresas privadas concessionárias de serviços públicos, só são considerados *públicos* quando destinados ao oferecimento de utilidades públicas; os demais bens pertencentes a essas pessoas são considerados *privados*.

---

7. Manifestado no acórdão por ele relatado por ocasião do julgamento da AC 40.526, mencionado no Capítulo 3.
8. *Tratado Geral da Desapropriação*, pp. 120-121.
9. *A Desapropriação à Luz da Doutrina e Jurisprudência*, p. 142.

De acordo com o panorama exposto no Capítulo 3, a única exceção a esse entendimento é o manifestado pelo Ministro Célio Borja, no voto que proferiu no Recurso Extraordinário 115.665-MG, segundo quem o patrimônio de sociedade de economia mista federal concessionária de serviço público, mesmo que não afetado ao serviço público, permanece no patrimônio da União e, portanto, deve ser considerado público.

Tal entendimento poderia até ter algum respaldo constitucional face à Constituição de 1967, com a redação dada pela Emenda Constitucional n. 1/1969, tendo em vista que seu art. 170 se referia apenas às empresas estatais exploradoras de atividade econômica, mas, em nossa opinião, não se sustenta face ao art. 173, § 1º, II, da Constituição Federal atualmente vigente, segundo o qual as empresas estatais exploradoras de atividade econômica *e as prestadoras de serviço público*, sujeitam-se "ao regime jurídico próprio das empresas privadas, inclusive quanto aos direitos e obrigações civis, comerciais, trabalhistas e tributários".

É claro que o regime jurídico aplicável a essas pessoas administrativas, sobretudo às empresas estatais concessionárias de serviços públicos, não será exclusivamente de direito privado, uma vez que a própria Constituição faz com que a elas se apliquem também algumas normas de direito público, tais como, os princípios e regras do art. 37 da Constituição Federal, dentre os quais cite-se a regra que impõe a obrigação de que realizem licitação para a celebração de contratos (cf. inc. XXI) e a regra que as sujeita à fiscalização contábil, financeira, orçamentária operacional e patrimonial do Tribunal de Contas da União, a quem deverão prestar contas (cf. art. 70, *caput* e parágrafo único).

Contudo, no que se refere aos *bens* dessas empresas estatais, tanto as prestadoras de serviço público quanto as exploradoras de atividade econômica, comungamos do entendimento predominante acima referido, de acordo com o qual são *públicos* apenas aqueles bens afetos a utilidades públicas, conforme para nós decorre do art. 173, § 1º, II, da Constituição Federal, acima referido.

Vale mencionar que, em nossa opinião, esse entendimento permanece vigente mesmo diante do preceito do parágrafo único do art. 99 do Código Civil atualmente vigente.

Com efeito, parece-nos que com o uso da bizarra expressão "pessoas jurídicas de direito público a que se tenha dado estrutura de direito privado" o referido dispositivo legal pretende referir as sociedades de economia mista e empresas públicas, conforme se depreende do parágrafo único do art. 41 do mesmo Diploma, segundo o qual "salvo disposição em contrário, as pessoas jurídicas de direito público, a que se tenha dado estrutura de direito privado, regem-se, no que couber, quanto ao seu funcionamento, pelas normas deste Código".

Ora, as únicas pessoas administrativas cujo funcionamento poderia ser regido, no que couber, pelas normas do Código Civil são as empresas estatais que, por força do art. 173, § 1º, II, da Constituição Federal estão sujeitas ao regime jurídico de direito privado.

Por isso é que entendemos que os bens a que se refere o parágrafo único do art. 99, são os bens pertencentes às sociedades de economia mista e empresas públicas. Confira-se: "Parágrafo único. Não dispondo a lei em contrário, consideram-se dominicais os bens pertencentes às pessoas jurídicas de direito público a que se tenha dado estrutura de direito privado".

Ocorre que, conforme nos parece estar reconhecido nos incisos do art. 99 do Código Civil, os bens dessas pessoas que estiverem destinados a utilidades públicas se enquadram ou na categoria dos bens de *uso comum do povo*, ou na categoria dos bens de *uso especial*, independentemente de lei que assim disponha.

E o art. 100 do próprio Código Civil estabelece que os bens direta ou indiretamente destinados ao oferecimento de utilidades públicas são inalienáveis, *enquanto conservarem sua qualificação*, donde se tem que a inalienabilidade do bem decorre de sua afetação.

De forma que, por um lado, não se pode aceitar a ilação de que mesmo os bens afetos a utilidades públicas pertencentes a essas pessoas possam ser considerados *dominicais* e, portanto, serem passíveis de alienação,[10] ainda que nos termos da lei, em prejuízo da continuidade de um serviço público.

E, por outro lado, também não se pode aceitar a ilação de que sejam considerados públicos, ainda que dominicais, os bens pertencentes a essas pessoas não afetados a utilidades públicas, porquanto, a assim se entender, ter-se-ia que admitir que tais bens seriam insuscetíveis, por exemplo, de penhora, pois se forem considerados *públicos*, ainda que dominicais, esses bens passam a pertencer à fazenda pública, sendo de se lhes aplicar, portanto, o art. 100 da Constituição Federal.[11]

Tal mandamento, por força do qual os bens pertencentes a essas pessoas regidas pelo direito privado mesmo não afetos a utilidades públicas estariam

---

10. Note-se que esse seria apenas um dos efeitos jurídicos de se atribuir a esses bens afetos a utilidades públicas o regime jurídico típico dos bens dominicais, com relação aos quais não só é permitida a alienação, nos termos da lei, mas também se permite que com relação a eles sejam constituídos direitos pessoais ou reais em favor de terceiros.

11. Note-se que esse seria apenas um dos efeitos jurídicos decorrentes de se aplicar a esses bens não afetos a utilidades públicas o regime jurídico típico dos bens de uso comum e uso especial.

a salvo de serem levados a hasta pública, por exemplo, contraria o art. 173, § 1º, II, da Constituição Federal, pois que de acordo com ele *as obrigações civis, comerciais, trabalhista e tributárias dessas pessoas são regidas pelo direito privado*.

Sendo assim, nossa conclusão é que o mandamento do parágrafo único do art. 99 do Código Civil é inválido, porquanto, das duas uma: ou contraria o princípio da continuidade do serviço público, ou contraria o mandamento constitucional contido no art. 173, § 1º, II, que lhe é juridicamente superior.

Tal circunstância de que os bens pertencentes às empresas estatais só são considerados *públicos* quando afetos a utilidades públicas, e, óbvio, o mesmo se diga com relação aos bens pertencentes a empresas privadas concessionárias de serviços públicos, possui relevância para o presente trabalho já que só se poderá falar em desapropriação de *bens públicos* de pessoas administrativas com personalidade jurídica de direito privado quando esses bens estiverem afetos a utilidades públicas, caso contrário, se terá uma desapropriação de bem privado, hipótese na qual não se aplicará o regime jurídico aqui proposto.

Contudo, com relação aos bens públicos das empresas estatais prestadoras de serviço público e das empresas privadas concessionárias de serviço público, quais sejam, aqueles afetos ao serviço público, já houve manifestação acima de nossa opinião, de acordo com a qual a proteção da inexpropriabilidade incide sobre o bem, independentemente da pessoa que o titularize, razão pela qual se lhes é de estender o mesmo tratamento jurídico aplicável aos bens das entidades federativas.

Quanto ao mandamento do § 3º do art. 2º do Decreto-lei n. 3.365/1941, segundo o qual a desapropriação dos bens nele mencionados depende de autorização, por decreto, do Presidente da República, esclareça-se antes de mais nada que, para nós, tais bens não são outros que as: "cotas e direitos representativos do capital de instituição e empresas, cujo funcionamento dependa de autorização do Governo Federal e se subordine à sua fiscalização", utilizando-nos das mesmas letras contidas no referido dispositivo.

Tal dispositivo não pode ser interpretado extensivamente, de forma a que se estenda seu alcance aos bens das concessionárias e permissionárias de serviço público, sob pena de que nele se ponha palavras que dele não constam e se deva considerá-lo inválido, porquanto por meio desse § 3º se estaria condicionando a prática de um ato administrativo por parte de uma entidade federativa à autorização de outra, o que, conforme visto no Capítulo 2, não é compatível com a *autonomia recíproca* que caracteriza as relações dessas entidades.

Sendo assim, a relevância desse dispositivo legal para o presente trabalho reside tão-somente quando se cogite dos bens acima referidos quando pertencentes a instituições financeiras criadas e mantidas pelo poder público, pois apenas nesses casos é que podem ser considerados bens públicos.

As cotas e direitos representativos do capital dessas instituições financeiras públicas são, para nós, bens do interesse público secundário, aplicados a uma atividade administrativa, e, por sua natureza, só poderiam ser utilizados no mesmo tipo de atividade administrativa à qual já estavam afetos, quais sejam, as atividades administrativas pertinentes às instituições públicas financeiras.

Por essa razão, e tendo em vista o exposto no Capítulo 5, não seria possível de se configurar com relação a esses bens a desigualdade jurídica entre os interesses contrapostos, que constitui pressuposto para a desapropriação de bens públicos.

Assim que, *em nossa opinião, deve-se estender também aos bens das pessoas administrativas dotadas de personalidade jurídica de direito privado o mesmo tratamento jurídico aplicável à desapropriação de bens das entidades federativas, porquanto a proteção jurídica da inexpropriabilidade incide sobre o bem, em razão de sua importância social, e não sobre a pessoa a quem esse bem pertence, razão pela qual deve-se aplicar a todos os bens públicos o tratamento jurídico referido no item 3 do Capítulo 5*, o qual passamos a resumir no capítulo seguinte, a título de conclusão.

Conclusão
PROPOSTA DE TRATAMENTO JURÍDICO APLICÁVEL À DESAPROPRIAÇÃO DE BENS PÚBLICOS

O sistema jurídico brasileiro admite a possibilidade de exercício de poder expropriatório entre as entidades federativas quando configurado um desequilíbrio jurídico entre os respectivos interesses contrapostos, no que se refere ao benefício coletivo que o atendimento desses interesses é capaz de proporcionar.

Nesse sentido, apontado pelo princípio da supremacia do interesse que proporcione maior benefício coletivo, há possibilidade de exercício de poder expropriatório entre as entidades federativas quando confrontados interesses públicos primários de distintas escalas de abrangência (nacionais, regionais e locais), interesses públicos primários e interesses públicos secundários, e, interesses públicos secundários que se relacionem com intensidades distintas aos interesses públicos primários.[1]

Admitida desse modo, a possibilidade de exercício de poder expropriatório não compromete a autonomia recíproca: primeiro porque tal autonomia, da forma como acolhida em nosso sistema jurídico, não veda a possibilidade de exercício de poderes de uma entidade federativa sobre a outra; segundo porque a possibilidade de exercício do poder expropriatório entre as entidades federativas não se funda no reconhecimento de que exista qualquer desigualdade jurídica entre elas, mas, sim, entre os interesses que lhes são pertinentes, em si mesmos considerados.

Quanto ao equilíbrio federativo, consideramos que a existência de um critério jurídico para resolução dos conflitos relacionados à desapropriação

---

1. Conforme exposto no Capítulo 4, *interesses públicos primários* são aqueles que se referem aos indivíduos, em sua condição de partícipes de uma sociedade; e, *interesses públicos secundários*, os que se referem à organização estatal e servem como instrumento para a realização dos interesses públicos primários. Entre os interesses públicos secundários é possível divisar graus distintos de ligação com os interesses públicos primários, justamente no que se refere à sua serventia para satisfação desses interesses.

de bens públicos e a submissão do exercício de poder expropriatório a mais algumas condições é capaz de manter ou restaurar o equilíbrio que deve caracterizar as relações entre as entidades federativas, sendo de se ressaltar que a aplicação desse critério restringe a prática da desapropriação de bens públicos ao estritamente necessário para satisfazer interesses que proporcionem maior benefício coletivo, função essa que também integra o conteúdo jurídico do princípio federativo.

Tal critério capaz de disciplinar a resolução dos problemas relacionados à desapropriação de bens públicos, de forma compatível com o princípio federativo, é a observação de uma condição relacionada à finalidade do instituto expropriatório, qual seja, extrair do bem visado o proveito público maior que nele se contém.

A observação dessa condição finalística resulta em que a desapropriação de um bem público só será possível – e aqui estamos especificando o pressuposto para deflagração do poder expropriatório acima apontado – quando, na comparação entre a função já desempenhada pelo bem com relação a uma utilidade pública e a função que virá a desempenhar com relação à outra utilidade pública, verifique-se que com a desapropriação e a realização das obras que eventualmente se façam necessárias se estará extraindo do bem proveito público maior do que o por ele já oferecido.

Da aplicação desse critério, resulta o seguinte quadro:

- se a função já desempenhada pelo bem estiver diretamente relacionada com a utilidade pública à qual está afetado, a desapropriação só será possível se a função que esse bem vier a desempenhar estiver diretamente relacionada a uma utilidade pública de maior abrangência, ressaltando-se que a maior abrangência de uma utilidade pública com relação à outra refere-se ao número de beneficiários que o oferecimento dessas utilidades públicas contrapostas pode alcançar;

- se a função já desempenhada pelo bem estiver apenas indiretamente relacionada com a utilidade pública, a desapropriação será possível quando a função que vier a ser desempenhada pelo bem após a desapropriação estiver diretamente relacionada à utilidade pública cujo oferecimento é visado pela desapropriação;

- se o bem público almejado não estiver preposto a uma utilidade pública, a desapropriação será sempre possível, pois, com ela, esse bem passará a desempenhar alguma função, seja direta ou indiretamente, com relação à utilidade pública visada pela desapropriação.

Um bem estará diretamente relacionado com uma utilidade pública quando a utilidade pública oferecida for a utilização do próprio bem, e estará apenas indiretamente relacionado a uma utilidade pública, quando a utilização do bem não seja, em si mesma, a utilidade pública oferecida, conquanto a utilização desse bem colabore para o oferecimento da utilidade pública à qual está vinculado.

Além dessa condição finalística, a possibilidade de exercício de poder expropriatório entre as entidades federativas depende também de que sejam observadas mais duas condições específicas para a desapropriação de bens públicos: uma condição relacionada ao sujeito promotor da desapropriação – condição subjetiva; e, uma condição relacionada ao objeto sobre o qual recaia a desapropriação – condição objetiva.

A condição subjetiva é a de que cada entidade federativa desempenha determinadas competências em determinado espaço territorial, razão pela qual não será legítimo o exercício de poder expropriatório por entidade federativa que se utilize da prerrogativa expropriatória para realizar competência que não lhe pertença e/ou em território sobre o qual não tenha titulação jurídica para exercer poderes políticos e administrativos.

A condição objetiva é a de que os bens atribuídos pela Constituição diretamente às entidades federativas não podem ser objeto de desapropriação, tais como os bens da União, referidos nos arts. 20, incisos II a XI, e 176, da Constituição Federal, e, também, os bens dos Estados, referidos no art. 26, incisos I a IV, à exceção das terras devolutas dos Estados que não estejam efetivamente aplicadas a uma finalidade pública.

Observadas essas condições, qualquer modalidade de desapropriação de bens públicos é, para nós, juridicamente possível, tanto entre entidades de mesma escala federativa, quanto entre entidades de escala federativa diversa, hipótese na qual poderá ser promovida não só pela União, como também pelos Estados e Municípios, com relação aos bens umas das outras.

O art. 2º, § 2º, do Decreto-lei 3.365/1941, e a escala expropriatória nele referida, não podem ser interpretados como expressivos da única modalidade juridicamente possível de desapropriação de bens públicos, sob pena de que a contrariedade desta dicção com o princípio federativo acarrete sua invalidade.

A validade desse dispositivo legal e a aplicabilidade da escala expropriatória nele referida dependem de que a eles se dê uma interpretação restritiva, no sentido de que constituem um mecanismo para resolução de conflitos entre os interesses públicos primários atribuídos a essas pessoas, pelo qual o interesse nacional prevalecerá sobre o interesse regional e local e, o interesse regional, sobre o local. Assim entendido, esse dispositivo legal representa uma expressão legal da condição finalística acima referida.

Quanto à desnecessidade de expressa previsão infraconstitucional para autorizar outras modalidades de desapropriação que não a expressamente referida no art. 2º, § 2º, do Decreto-lei 3.365/1941, fundamenta-se em que a autorização para prática dessa desapropriação decorre da aplicação do princípio da supremacia do interesse que ofereça maior proveito público e está contida na autorização geral do art. 5º, XXIV, da Constituição Federal.

Além das condições específicas acerca da possibilidade de exercício de poder expropriatório entre as entidades federativas, a validade da desapropriação de bens públicos está condicionada, também, à observação dos demais pressupostos de validade das desapropriações em geral. E, com relação à desapropriação de bens públicos de interesse primário, haverá, ainda, a necessidade de obtenção da autorização legislativa à que se refere o art. 2º, § 2º, do Decreto-lei 3.365/1941.

Quanto à indenização, é quase desnecessário dizer que deverá abranger não só o preço do bem, mas também, se for o caso, o benefício econômico que dele se auferia e os custos necessários para a remoção e implantação do serviço nele prestado.

Por fim, no que se refere aos bens afetados ao serviço público, em nossa opinião o princípio da continuidade do serviço público veda a possibilidade de concessão da liminar de imissão na posse, prevista no art. 15 do Decreto-lei 3.365/1941.

Acreditamos que essa proposta de tratamento jurídico dos problemas relacionados ao tema da desapropriação de bens públicos atende aos imperativos da autonomia recíproca e do equilíbrio federativo, bem como aos objetivos que devem orientar a atuação das entidades que compõem o Estado Brasileiro, que ora são resumidos na missão de propiciar o benefício da coletividade, imperativos estes que, como visto, compõem o conteúdo jurídico do princípio federativo, cujo sentido consideramos e seguimos para a elaboração deste trabalho.

BIBLIOGRAFIA

ALESSI, Renato. *Sistema Istituzionale di Diritto Amministrativo Italiano.* Milão, Giuffrè, 1953.

ATALIBA, Geraldo. *República e Constituição.* 2ª ed., atualizada por Rosolea Miranda Folgosi, 3ª tir., São Paulo, Malheiros Editores, 2004.

BALEEIRO, Aliomar. *Limitações Constitucionais ao Poder de Tributar.* Rio de Janeiro, Forense, 1951.

BANDEIRA DE MELLO, Celso Antônio. *O Conteúdo Jurídico do Princípio da Igualdade.* 3ª ed., 12ª tir., São Paulo, Malheiros Editores, 2004.

_____. *Curso de Direito Administrativo.* 19ª ed., São Paulo, Malheiros Editores, 2005.

_____. "Desapropriação de bem público", *RDP* 29/47. São Paulo, maio-jun. 1974.

_____. *Natureza e Regime Jurídico das Autarquias.* São Paulo, Ed. RT, 1968.

_____. "Terrenos de Marinha aforados e o Poder Municipal", *RDP* 88/44. São Paulo, 1988.

BEZNOS, Clóvis. "Desapropriação". In BANDEIRA DE MELLO, Celso Antônio (Coord.), *Direito Administrativo na Constituição de 1998.* São Paulo, Ed. RT, 1999.

BONAVIDES, Paulo. *Ciência Política.* 11ª ed., São Paulo, Malheiros Editores, 2005.

_____. *Curso de Direito Constitucional.* 16ª ed., São Paulo, Malheiros Editores, 2005.

BORGES, Alice Gonzalez. "Aplicabilidade de normas gerais de Lei Federal dos Estados", *RDA* 194/97. Rio de Janeiro.

BRITTO, Carlos Ayres. "As cláusulas pétreas e sua função de revelar e garantir a identidade da Constituição". In ROCHA, Carmem Lúcia Antunes (Org.), *Perspectivas do Direito Público.* Belo Horizonte, Del Rey, 1995.

_____. "Direito de propriedade", *RDP* 91/44. São Paulo, 1989.

CANOTILHO, J. J. Gomes. *Direito Constitucional e Teoria da Constituição.* 4ª ed., Coimbra, Almedina, 2000.

_____. *Direito Constitucional.* 5ª ed., Coimbra, Almedina, 1991.

CARNELUTTI, Francesco. *Sistema di Diritto Processuale Civile*, vol. 1. Pádua, CEDAM, 1936.

CARUGNO, Pasquale. *L'espropriazione per Pubblica Utilità.* Milão, Giuffrè, edições de 1960 e 1962.

CARVALHO, Carlos Augusto de. *Direito Civil Brazileiro Recopilado ou Nova Consolidação das Leis Civis.* Rio de Janeiro, Livraria Francisco Alves, 1899.

COMPARATO, Fábio Konder. "Pareceres – Princípio federal – Bens estaduais não podem ser desapropriados – Caso Banespa", *RTDP* 11/82. São Paulo, 1995.

CRETELLA JR., José. *Tratado do Domínio Público.* Rio de Janeiro, Forense, 1984.

_____. *Tratado Geral da Desapropriação*, vol. 1. Rio de Janeiro, Forense, 1980.

CRISAFULLI, Vezio. "Per la determinazione dei concetto dei principi generali dei diritto", *Rivista Internazionale di Filosofia dei Diritto*, vol. XXI, 1941.

DALLARI, Adilson Abreu. "Autonomia municipal na Constituição Federal de 1988", *RDP* 97/231. São Paulo, 1991.

DINIZ, Maria Helena. *Código Civil Anotado.* 8ª ed., São Paulo, Saraiva, 2002.

FERRAZ, Sérgio. "Desapropriação de bens estaduais – Efetivação por outro Estado – Inadmissibilidade", *RDP* 30/67. São Paulo, jul.-ago. 1974.

_____. "Desapropriação de bens públicos". In *3 Estudos de Direito.* São Paulo, Ed. RT, 1977.

FERRAZ, Tércio Sampaio. *Introdução ao Estudo do Direito.* 3ª ed., São Paulo, Atlas, 2001.

_____. "Princípios condicionantes do Poder Constituinte Estadual em face da Constituição Federal", *RTDP* 92/34. São Paulo, out.-dez. 1989.

FIGUEIREDO, Lúcia Valle. "Competências administrativas dos Estados e Municípios", *RDA* 207/1. Rio de Janeiro, 1997.

FRANCO SOBRINHO, Manoel de Oliveira. *Desapropriação.* 2ª ed., São Paulo, Saraiva, 1996.

GORDILLO, Augustín. *Princípios Gerais de Direito Público.* Tradução de Marco Aurélio Greco e revisão de Reilda Meira. São Paulo, Ed. RT, 1977.

HORTA, Raul Machado. "Poder Constituinte do Estado-Membro", *RDP* 88/5. São Paulo, 1988.

_____. "Repartição de competências na Constituição Federal de 1988", *RF* 315/55. Rio de Janeiro, 1991.

KELSEN, Hans. *Teoria Geral do Direito e do Estado.* 3ª ed., São Paulo, Martins Fontes, 1998.

LEAL, Víctor Nunes. *Problemas de Direito Público*. Rio de Janeiro, Forense, 1960.

LEITE, Solidônio. *Desapropriação por Utilidade Pública*. Rio de Janeiro, J. Leite, 1921.

LIMA, Ruy Cirne. *Princípios de Direito Administrativo*. 5ª ed., São Paulo, Ed. RT, 1982.

MAGALHÃES, Roberto Barcellos de. *Teoria e Prática da Desapropriação no Direito Brasileiro*. Rio de Janeiro, José Konfino Editor, 1968.

MALUF, Carlos Alberto Dabus. *Teoria e Prática da Desapropriação*. São Paulo, Saraiva, 1995.

MAYER, Otto. *Derecho Administrativo Alemán*, t. 3. Buenos Aires, Depalma, 1951 e 1953.

MEIRELLES, Hely Lopes. "Jazida e concessão de lavra – Desapropriação pelo Estado – Inconstitucionalidade – Mandado de Segurança", *RDA* 109/283. Rio de Janeiro, 1972.

PEREIRA, Caio Mário da Silva. *Instituições de Direito Civil*, vol. 1. 13ª ed., Rio de Janeiro, Forense, 1992.

PEREIRA, Carlos Fernando Potyguara. *A Desapropriação de Bens Públicos à Luz da Doutrina e da Jurisprudência*. Rio de Janeiro, Lumen Juris, 1999.

PONTES DE MIRANDA, Francisco. *Comentários à Constituição de 1967*, t. V. 2ª ed., São Paulo, Ed. RT, 1970.

_____. *Tratado de Direito Privado*, ts. II e XI. 2ª e 3ª eds., São Paulo, Ed. RT, 1970 e 1971.

ROCHA, Carmem Lúcia Antunes. *República e Federação no Brasil*. Belo Horizonte, Del Rey, 1997.

RODRIGUES, Sílvio. *Direito Civil*, vol. 1. 27ª ed., São Paulo, Saraiva, 1997.

SABBATINI, Giunio. *Comento alle Leggi sulle Espropriazioni per Pubblica Utilità e sul Risanamento*. Turim, Utet, 1913-1917.

SALLES, José Carlos de Moraes. *A Desapropriação à Luz da Doutrina e Jurisprudência*. 4ª ed., São Paulo, Ed. RT, 2000.

SEABRA FAGUNDES, Miguel. *Da Desapropriação no Direito Brasileiro*. Rio de Janeiro, Freitas Bastos, 1949.

SILVA, Ildefonso Mascarenhas da. *Desapropriação por Necessidade e Utilidade Pública*. Rio de Janeiro, Forense, 1947.

SILVA, José Afonso da. *Curso de Direito Constitucional Positivo*. 24ª ed., São Paulo, Malheiros Editores, 2005.

SODRÉ, Eurico. *A Desapropriação*. 2ª ed., São Paulo, Saraiva, 1945.

SUNDFELD, Carlos Ari. *Direito Administrativo Ordenador*. 1ª ed., 3ª tir., São Paulo, Malheiros Editores, 2003.

_____. "Revisão da desapropriação no Brasil", *RDA* 192/38. Rio de Janeiro, 1993.

_____. "Sistema constitucional das competências", *RTDP* 1/272. São Paulo, 1993.

TÁCITO, Caio. "Parecer: Desapropriação – Bens do domínio público municipal – Indenização", *RDA* 138/293. Rio de Janeiro, 1979.

VIVEIROS DE CASTRO, Augusto Olympio. "Desapropriação por utilidade publica, segundo a doutrina e a legislação brasileira", *Revista de Direito*, vol. 18. Rio de Janeiro, 1910.

WHITAKER, Firmino. *Desapropriação*. 2ª ed., São Paulo, Atlas, 1926.

_____. *Desapropriação*. 3ª ed., São Paulo, Atlas, 1946.

* * *